Wolfgang Höhn

I0013871

Untersuchung zur Verbesserung der Absatzprogr.
Klein- und Mittelbetrieben (mit Künstlichen Neuronalen Netzen)

Wolfgang Höhn

Untersuchung zur Verbesserung der Absatzprognosen von Handelsprodukten in Klein- und Mittelbetrieben (mit Künstlichen Neuronalen Netzen)

diplom.de

Bibliografische Information der Deutschen Nationalbibliothek:

Bibliografische Information der Deutschen Nationalbibliothek: Die Deutsche
Bibliothek verzeichnet diese Publikation in der Deutschen Nationalbibliografie;
detaillierte bibliografische Daten sind im Internet über http://dnb.d-nb.de/ abrufbar.

Dieses Werk sowie alle darin enthaltenen einzelnen Beiträge und Abbildungen
sind urheberrechtlich geschützt. Jede Verwertung, die nicht ausdrücklich vom
Urheberrechtsschutz zugelassen ist, bedarf der vorherigen Zustimmung des Verla-
ges. Das gilt insbesondere für Vervielfältigungen, Bearbeitungen, Übersetzungen,
Mikroverfilmungen, Auswertungen durch Datenbanken und für die Einspeicherung
und Verarbeitung in elektronische Systeme. Alle Rechte, auch die des auszugsweisen
Nachdrucks, der fotomechanischen Wiedergabe (einschließlich Mikrokopie) sowie
der Auswertung durch Datenbanken oder ähnliche Einrichtungen, vorbehalten.

Copyright © 1999 Diplomica Verlag GmbH
Druck und Bindung: Books on Demand GmbH, Norderstedt Germany
ISBN: 978-3-8386-2319-1

http://www.diplom.de/e-book/218134/untersuchung-zur-verbesserung-der-absatz-
prognosen-von-handelsprodukten

Wolfgang Höhn

Untersuchung zur Verbesserung der Absatzprognosen von Handelsprodukten in Klein- und Mittelbetrieben (mit Künstlichen Neuronalen Netzen)

Diplomarbeit
an der Fachhochschule für Technik und Wirtschaft Berlin
Fachbereich Wirtschaftswissenschaften
Prüfer Prof. Dr. W. Bodrow
Dezember 1999 Abgabe

Diplomarbeiten Agentur
Dipl. Kfm. Dipl. Hdl. Björn Bedey
Dipl. Wi.-Ing. Martin Haschke
und Guido Meyer GbR

Hermannstal 119 k
22119 Hamburg

agentur@diplom.de
www.diplom.de

ID 2319
Höhn, Wolfgang: Untersuchung zur Verbesserung der Absatzprognosen von Handelsprodukten in Klein- und Mittelbetrieben (mit Künstlichen Neuronalen Netzen) / Wolfgang Höhn - Hamburg: Diplomarbeiten Agentur, 2000
Zugl.: Berlin, Fachhochschule für Wirtschaft und Technik, Diplom, 1999

Dieses Werk ist urheberrechtlich geschützt. Die dadurch begründeten Rechte, insbesondere die der Übersetzung, des Nachdrucks, des Vortrags, der Entnahme von Abbildungen und Tabellen, der Funksendung, der Mikroverfilmung oder der Vervielfältigung auf anderen Wegen und der Speicherung in Datenverarbeitungsanlagen, bleiben, auch bei nur auszugsweiser Verwertung, vorbehalten. Eine Vervielfältigung dieses Werkes oder von Teilen dieses Werkes ist auch im Einzelfall nur in den Grenzen der gesetzlichen Bestimmungen des Urheberrechtsgesetzes der Bundesrepublik Deutschland in der jeweils geltenden Fassung zulässig. Sie ist grundsätzlich vergütungspflichtig. Zuwiderhandlungen unterliegen den Strafbestimmungen des Urheberrechtes.

Die Wiedergabe von Gebrauchsnamen, Handelsnamen, Warenbezeichnungen usw. in diesem Werk berechtigt auch ohne besondere Kennzeichnung nicht zu der Annahme, daß solche Namen im Sinne der Warenzeichen- und Markenschutz-Gesetzgebung als frei zu betrachten wären und daher von jedermann benutzt werden dürften.

Die Informationen in diesem Werk wurden mit Sorgfalt erarbeitet. Dennoch können Fehler nicht vollständig ausgeschlossen werden, und die Diplomarbeiten Agentur, die Autoren oder Übersetzer übernehmen keine juristische Verantwortung oder irgendeine Haftung für evtl. verbliebene fehlerhafte Angaben und deren Folgen.

Dipl. Kfm. Dipl. Hdl. Björn Bedey, Dipl. Wi.-Ing. Martin Haschke & Guido Meyer GbR
Diplomarbeiten Agentur, http://www.diplom.de, Hamburg 2000
Printed in Germany

Diplomarbeiten Agentur

Wissensquellen gewinnbringend nutzen

Qualität, Praxisrelevanz und Aktualität zeichnen unsere Studien aus. Wir bieten Ihnen im Auftrag unserer Autorinnen und Autoren Wirtschaftsstudien und wissenschaftliche Abschlussarbeiten – Dissertationen, Diplomarbeiten, Magisterarbeiten, Staatsexamensarbeiten und Studienarbeiten zum Kauf. Sie wurden an deutschen Universitäten, Fachhochschulen, Akademien oder vergleichbaren Institutionen der Europäischen Union geschrieben. Der Notendurchschnitt liegt bei 1,5.

Wettbewerbsvorteile verschaffen – Vergleichen Sie den Preis unserer Studien mit den Honoraren externer Berater. Um dieses Wissen selbst zusammenzutragen, müssten Sie viel Zeit und Geld aufbringen.

http://www.diplom.de bietet Ihnen unser vollständiges Lieferprogramm mit mehreren tausend Studien im Internet. Neben dem Online-Katalog und der Online-Suchmaschine für Ihre Recherche steht Ihnen auch eine Online-Bestellfunktion zur Verfügung. Inhaltliche Zusammenfassungen und Inhaltsverzeichnisse zu jeder Studie sind im Internet einsehbar.

Individueller Service – Gerne senden wir Ihnen auch unseren Papierkatalog zu. Bitte fordern Sie Ihr individuelles Exemplar bei uns an. Für Fragen, Anregungen und individuelle Anfragen stehen wir Ihnen gerne zur Verfügung. Wir freuen uns auf eine gute Zusammenarbeit

Ihr Team der *Diplomarbeiten* Agentur

Dipl. Kfm. Dipl. Hdl. Björn Bedey –
Dipl. Wi.-Ing. Martin Haschke ──
und Guido Meyer GbR ───────

Hermannstal 119 k ──────────
22119 Hamburg ───────────

Fon: 040 / 655 99 20 ───────
Fax: 040 / 655 99 222 ───────

agentur@diplom.de ─────────
www.diplom.de ───────────

Inhaltsverzeichnis

Abbildungsverzeichnis

V

Tabellenverzeichnis

Abkürzungsverzeichnis

AMX	Absoluter maximaler Fehler
DVV	Datenvorverarbeitung
FB	Fensterbreite
FFT	Fast-Fourier-Transformation
GWB	Gesetz gegen Wettbewerbsbeschränkungen
KI	Künstliche Intelligenz
KMU	Klein- und Mittelunternehmen
KNN	Künstliche Neuronale Netze
LR	Lernrate
MAP	Maximaler absoluter prozentualer Fehler
Mio	Million
MLP	Multilayer Perceptron
MO	Momentum
NORM	Normiert
NR	Neuron(en)
NZ	Netz
PROGN	Prognose
ROH	Rohdaten
RMS	Quadratwurzel aus dem mittleren quadratischen Fehler
S.	Seite
SM	Sigmoide Funktion
T	Tausend
TB	Trendbefreit
TG	Tangens Hyperbolicus Funktion
UWG	Gesetz zur Verhinderung unlauteren Wettbewerbs
ZR	Zeitreihe

Formelverzeichnis

a	Aktivierungsfunktion
b	Bias
E	Fehler
k	Intervallbreite
n	Anzahl der Werte
net	Eingangsfunktion
o	Ausgangsfunktion
p	Anzahl der Differenzen
S	Saisonkomponente
t	Zeit
w	Gewichtungsfaktor
x	Originalwert (Beobachtungswert)
$x^{\wedge}$	Prognosewert
$\underline{x}$	Mittelwert
y	abhängige Variable
Y_{ist}	Ist-Ausgabewert
Y_{soll}	Soll-Ausgabewert
α	Glättungsfaktor

1 Ausgangssituation

In den letzten Jahren wurde innerhalb des zyklischen Berichtswesens für die Geschäfts-
leitung der INBITEC GmbH wiederholt festgestellt, daß die Lagerbestände durch-
schnittlich viel zu hoch waren. Diese hätten jährlich 20 - 25 % geringer sein können. Das
betraf das Verkaufslager und auch das Ersatzteillager.

Auf der anderen Seite gab es jedoch immer wieder Zeiten, in denen die Verkaufsnach-
frage plötzlich so groß war, daß die Lagerbestände nicht nur unter den sogenannten Mi-
nimalbestand fielen, sondern komplett erschöpft waren. Verbunden war dieser Zustand
dann mit erheblichen Beschaffungsproblemen. Das bezieht sich sowohl auf den zeitlichen
Aspekt als auch darauf, daß günstige Einkaufsquellen und Rabatte nicht genutzt werden
konnten. Hinzu kommen noch eine Reihe anderer Probleme:

Auf Grund der personellen Engpässe im Verkauf und im Service mußten Mitarbeiter aus
anderen Bereichen eingesetzt werden. Auch ist in diesem Zusammenhang der Aspekt der
Kundenunzufriedenheit und des Kundenverlustes nicht zu unterschätzen. Alles in allem
waren dies stets Situationen, die von kurzfristiger operativer „Schadensbekämpfung"
gekennzeichnet waren.

Auffällig ist auch noch der Umstand, daß solche Abverkaufsspitzen über die vergangenen
Jahre mit mehr oder weniger Regelmäßigkeit eintraten.

Es stellt sich somit an dieser Stelle die Frage, ob auf der Grundlage einer verbesserten
Prognoseerstellung eine längerfristige strategische Absatzplanung, und damit verbundene
Lager- und auch Personalplanung, möglich ist.

Das Instrument der Prognose scheint in Klein- und Mittelbetrieben (KMU) bisher kaum
genutzt oder wenig bekannt zu sein. Eine vom Autor telefonisch durchgeführte Befra-
gung von weiteren neun Unternehmen der gleichen Größe zum Einsatz von Prognosemethoden für den Absatz ergab folgendes Ergebnis:

6 Unternehmen wenden keinerlei Prognosen an

3 Unternehmen wenden Freihand- oder einfache Methoden der Zeitreihenfort-
schreibung an

1 Unternehmen machte keine Angaben.

Dies unterstreicht noch einmal die Notwendigkeit der Untersuchung dieser Problematik gerade für Klein- und Mittelbetriebe, denn im Unterschied zu Großunternehmen kommen für Kleinunternehmen noch typische im folgenden Kapitel 2 beschriebene Gesichtspunkte hinzu.

2 Spezifikation und Bedeutung der Problematik

Zur Einordnung der INBITEC GmbH als typisches Kleinunternehmen soll die Definition der Europäischen Union (EU) herangezogen werden. [4] Diese unterscheidet in Mittel-, Klein- und Kleinstunternehmen.

Ein Kleinunternehmen ist eine Firma, die

1. weniger als 50 Mitarbeiter beschäftigt
2. einen Jahresumsatz von höchstens 7 Mio. EUR erzielt oder
3. eine Jahresbilanzsumme von höchstens 5 Mio. EUR erreicht und
4. sich zu höchstens 25 % im Besitz eines Großunternehmens befindet.

Obwohl über die Hälfte der Beschäftigten in Europa (52 %) in Klein- und Mittelbetrieben arbeiten, steht gerade dieser Bereich der Wirtschaft vor besonders großen Problemen. 50 % der Unternehmen dieser Größenordnung in Europa stellen ihre Tätigkeit binnen 5 Jahren wieder ein.

Die nachfolgend angeführten Probleme aus den unterschiedlichsten Bereichen sollen ansatzweise einen Überblick über die Situation dieser Unternehmen geben:

1. Die Geschäftsbanken (wichtigste Form der KMU- Fremdfinanzierung) sind bei der Kreditvergabe strikter (Zweifel an der Bonität, geringere Sicherheiten, höhere Risikoeinschätzung)
2. Bei Darlehenszusagen werden höhere Zinssätze oder andere zusätzlichen Kosten der Risikoabdeckung berechnet (geringere Attraktivität als Kleinkunde)
3. Den Kleinunternehmen fehlt der Zugang zu Risikokapital und zu den meisten Förderprogrammen.
4. Der bereits erwähnte schwierige Zugang zu Fremdkapital führt zur Verwendung eigener finanzieller Ressourcen.
5. Beim Wareneinkauf müssen Kleinunternehmen fast immer mit höheren Preisen als größer Unternehmen rechnen. Dies führt zu höheren Selbstkosten.

6. Planung und Controling wird meist von der Unternehmensleitung selbst wahrgenommen. Wegen der hohen Arbeitsbelastung und der vielen Alltagsprobleme ist oft keine Unternehmensstrategie erkennbar.

7. Hohe Personalkosten und Lohnnebenkosten haben einen höheren Stellenwert.

8. Zu hohe Fixkosten und damit zu hohe Selbstkosten.

9. Betriebswirtschaftliche Daten zur Analyse stehen in vielen Kleinbetrieben nicht aktuell zur Verfügung.

10. Extreme Marktschwankungen können nicht aufgefangen werden. Sie können zu hoher Kapitalbindung und somit zu fehlender Liquidität führen.

Unterstrichen wird dies auch durch eine von A. Kosmider durchgeführten empirischen Studie über Mißerfolge bei ca. 440 Klein- und Mittelunternehmen in Deutschland. [9] Als Hauptschwachstellen wurden drei Gründe genannt:
hohe Selbstkosten, fehlende Liquidität, fehlende Umsatzüberwachung.

Generell kann gesagt werden, daß durch das Überangebot vergleichbarer Erzeugnisse und dem damit einher gehenden Konkurrenzdruck die Absatzpreise einem starken Druck unterworfen sind. Dieser Druck zwingt die Unternehmen zu einer Reduzierung der Selbstkosten. Da die mit der Bestandsführung verbundenen Kosten wesentlichen Einfluß auf die Selbstkosten haben und diese darüber hinaus entscheidend durch die Planung im Bereich des Absatzes beeinflußt werden können, bietet die Reduzierung dieser Kosten einen vielversprechenden Ansatz zur Gewährleistung der Wettbewerbsfähigkeit der Kleinbetriebe. Auf Grund der Proportionalität der durch die Lagerführung verursachten Kosten zu der Höhe der Bestände, kann eine effektive Kostenreduzierung durch Reduzierung der Bestandshöhen erreicht werden.

Geringere Bestände bieten zudem noch zwei weiter wichtige Vorteile. Sie bedeuten zum einen eine Verringerung des gebundenen („toten") Kapitals und somit eine Erhöhung der für das Überleben von Kleinbetrieben so wichtigen liquiden Mittel. Zum anderen wird in der äußerst schnellebigen Computerbranche das Risiko des Wertverlustes der hohen Bestände durch die schnelle Alterung verringert.

Aus dieser Sicht ergibt sich für die Unternehmen noch einmal deutlich die Aufgabe einer möglichst genauen Ermittlung der Nachfrage durch Absatzprognosen und zeigt zudem das kostenreduzierende Potential und die Bedeutung gerade für Kleinbetriebe.

3 Prognose und Prognosemethoden

Unter einer Prognose versteht man ganz allgemein eine Vorhersage wahrscheinlicher, möglicher zukünftiger Situationen, Ereignisse oder Entwicklungen. [2, S. 269] [19, S. 245]

Die dabei angewandten einzelnen Prognosemethoden und -modelle basieren auf höchst unterschiedlichen Prinzipien. Gemeinsam ist ihnen allen, daß aus Geschehnissen, Erkenntnissen oder Meßwerten der Vergangenheit (und Gegenwart) auf die Zukunft geschlossen wird.

3.1 Qualitative Prognosemethoden

Oft reicht es aus, wenn nur Entwicklungstendenzen, Richtungsänderungen oder Niveauverschiebungen aufgezeigt werden. In diesem Fall werden keinerlei numerische Angaben über die wirtschaftlichen Größe(n) gemacht. Es wird Wissen und subjektive Erfahrungen von Experten eingeholt und die wirtschaftlichen Größen werden verbal argumentativ miteinander verknüpft. So entsteht eine Art Korridor möglich eintretender Entwicklungen.

Diese Möglichkeit der Prognoseerstellung wird auch als qualitative Prognose bezeichnet. Auf sie soll hier nicht im einzelnen weiter eingegangen werden. Zum vertiefenden Studium wird auf die entsprechende Literatur verwiesen. [2] [6] [19] Zur Übersicht werden die wichtigsten und bekanntesten Verfahren genannt:

Brainstorming	Relevanzbaum-Verfahren
Methode 6-3-5	Morphologische Methode (Kasten)
Delphi-Methode	Expertenbefragung
Szenario-Technik	Kohortenanalyse

3.2 Quantitative Prognosemethoden

Das gegensätzliche Prinzip, oft auch als klassische Analyse bezeichnet, ist die Erstellung von Prognosen mit quantitativen Methoden. Dies bedeutet, daß *meßbare* Merkmalsgrößen (wirtschaftliche Größen) der Vergangenheit in Form von Zeitreihen[1] vorliegen. Die Zeitreihen werden mit Hilfe statistisch-mathematischer Verfahren analysiert, d.h. es wird zunächst der zeitliche Verlauf der Beobachtungswerte beschrieben und dann auf Gesetzmäßigkeiten untersucht. Dabei wird unterstellt, daß diese Gesetzmäßigkeiten auch in der Zukunft weiter Gültigkeit haben (Zeitstabilitätshypothese) und für die Prognose genutzt. [2, S. 269]

3.2.1 Klassisches Komponentenmodell von Zeitreihen

Bei Betrachtung der graphischen Darstellung einer Zeitreihe können prinzipiell drei Gesetzmäßigkeiten erkannt werden, die (je nach Fall) sehr unterschiedlich in der Ausprägung sein können.:

1. Trendkomponente

   Der Trend drückt eine meist sehr langfristig wirksame Entwicklungstendenz oder „Grundrichtung" aus. Bedingt durch die langfristigen Ursachen kann dies entweder monoton wachsend oder monoton fallend sein.

2. Saisonkomponente/zyklische Schwankung

   Der Trend kann überlagert werden von Schwankungen mit unregelmäßiger Länge und Amplitude. Auf Grund sich stetig, aber langsam ändernden Einflüsse nimmt diese zyklische Komponente einen wellenförmigen Verlauf. Bei

---

[1] Unter einer Zeitreihe versteht man eine Menge von Beobachtungswerten, die in gleichen Abständen (Zeitintervallen) aufeinander folgen. [2, S. 269]

wirtschaftlichen Merkmalsgrößen können die Regelmäßigkeiten durch Jahres-
zeiten (Saison), Tag/Nacht-Rhythmus, Zahlungstermine etc. oder der allge-
meine Konjunkturzyklus der Wirtschaft bedingt sein.

3. Zufallskomponente/Restschwankung

In diesen Schwankungen drücken sich die unvorhersehbaren, nicht regelmäßig
wiederkehrenden und in den anderen Komponenten nicht enthaltenen Einflüsse
aus. Sie sind Ausdruck der sehr vielen Einflußfaktoren im wirtschaftlichen
Bereich (z.B. Streik, verregneter Sommer etc.).

Ziel ist es nun, die einzelnen Komponenten zu erkennen, zu bestimmen und dann für die
zeitlich weiterführende Prognose zu nutzen. Hauptaugenmerk wird bei den verschiedenen Verfahren auf die Trendbestimmung gelegt. Dies hat mehrere Gründe:

Zum einen ist die Trendisolierung von Interesse um den längerfristigen Grundzug
zu bestimmen, zum anderen kann es auch um die Trendausschaltung bzw.
Trendbereinigung gehen (welchen Verlauf hätte die Zeitreihe genommen, falls die
Trendkomponente nicht wirksam gewesen wäre?). Der Vorteil dieser Trendbereinigung besteht darin, daß nach ihrer Durchführung die kürzerfristigen zyklischen Komponenten, unter der Voraussetzung, sie sind vorhanden, deutlicher
hervortreten. Sie können dann besser analysiert und prognostiziert werden.
Schließlich werden auch Vereinfachungen in den Prognoseanforderungen und
somit auch in der Modellbildung vorgenommen um den Aufwand in Grenzen zu
halten. In diesem Fall wird bei der zufälligen Komponente im Allgemeinen davon
ausgegangen, daß sie um Null schwankt. Die Saisonkomponente wird, wenn sie
nur schwach (latent) vorhanden ist, als konstant angenommen.

3.2.2 Prognoseverfahren

An beispielhaften Daten sollen kurz die einzelnen Verfahren beschrieben werden.

3.2.2.1 Freihandverfahren

Vorgehen:

Das Freihandverfahren ist sehr trivial. Ausgangspunkt ist eine graphische Darstellung. Man zieht nach Augenmaß eine Linie durch die Punktwolke der Beobachtungswerte, wobei die „ Abweichungen nach oben und unten als Summe möglichst gleich " [18, S. 152] sein sollten. Diese Linie wird dann verlängert.

Fazit:

„ Ein derartiges Vorgehen unterliegt selbstverständlich einer gewissen Willkür. "[18, S. 152]

3.2.2.2 Verfahren der gleitenden Durchschnitte

Das einfachste Verfahren zur Vorhersage, d.h. zur Ermittlung eines Trends ist das der Bestimmung gleitender Durchschnitte. Es wird dabei versucht, durch fortlaufende Bildung von arithmetischen Mittelwerten eine Art Mittelwert für die Entwicklung abzubilden. [19, S. 256] Die Zeitreihen der Beobachtungswerte werden dadurch geglättet; zyklische und Restschwankungen weitestgehend ausgeschaltet.

Vorgehen:

Aus k unmittelbar aufeinanderfolgenden Beobachtungswerten x_i wird der arithmetische Mittelwert gebildet und dieser (meist), wie in Tabelle 1 dargestellt, dem mittleren der berücksichtigten Zeitpunkte oder Intervalle zugeordnet.

Abbildung 1 gibt den Verlauf für k =3 an:

17

$$x^\wedge_i = \frac{1}{3}(x_{i-1} + x_i + x_{i+1}) \qquad \text{mit } x_i \, (i = 1,...,n) \text{ und } t_i \, (i = 1,...,n)$$

Tabelle 1: Berechnung gleitender Durchschnitt

Periode t_i	Reihenwert x_i	Gleitender Durchschnitt $x^\wedge_i$
1	10	-
2	8	(10+8+12)/3=30/3=10
3	12	(8+12+12)/3=32=3=10,7
4	12	(12+12+10)/3=34/3=11,3
5	10	(12+10+14)/3=36/3=12
6	14	(10+14+6)/3=30/3=10
7	6	(14+6+8)/3=28/3=9,3
8	8	(6+8+14)/3=28/3=9,3
9	14	(8+14+12)/3=34/3=11,3
10	12	(14+12+12)/3=38/3=12,7
11	12	(12+12+16)/3=40/3=13,3
12	16	-

Abbildung 1: Gleitender Durchschnitt

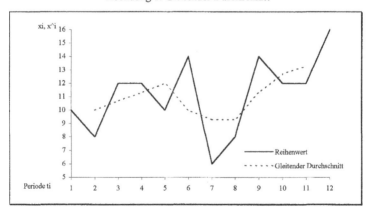

Fazit:

Das Verfahren ist sehr einfach zu handhaben. Es hat den Vorteil, das vorab keinerlei Kenntnis des Trendverlaufs nötig ist.

Problematisch ist neben der Wahl des richtigen Zeitintervalls die Frage welchem Intervall die Durchschnittswerte zugeordnet werden sollen; wobei bei ungerader Ordnung meist die Mitte genommen wird. Zudem gehen in die Berechnung alle Spitzenwerte (Ausreißer) ein, so daß unter Umständen in der Reihe der gleitenden Durchschnitte Zyklen auftreten, die in der ursprünglichen Datenreihe so gar nicht vorhanden waren. Dies kann natürlich zu erheblichen Fehlinterpretationen führen.

3.2.2.3 Exponentielle Glättung

Ein einfaches Verfahren besonders zur Erstellung von kurzfristigen Prognosen ist die exponentielle Glättung. Sie ist im Prinzip eine Weiterentwicklung der gleitenden Durchschnitte. Bei letzterer wurde davon ausgegangen, daß alle in die Berechnung eingegangenen Beobachtungswerte die gleiche Bedeutung haben. Wenn man jedoch annimmt, die Werte sind um so bedeutsamer, je aktueller sie sind, so wird eine Gewichtung von der Gegenwart in die Vergangenheit exponentiell fallend vorgenommen. Zudem können durch die Einführung eines Gewichtungsparameters α (Glättungsfaktor)Werte, die als besonders wichtig erachtet werden, entsprechend in die Prognose eingehen.

Vorgehen:
Der Prognosewert $\hat{x}_i$ wird, unter Berücksichtigung des Glättungsfaktor α ($\alpha = 0,6$ angesetzt), als gewogenes Mittel aus dem Beobachtungswert x_i und dem für dieses Intervall früher bestimmten Prognosewert $\hat{x}_{i-1}$ berechnet.
Darstellung und Berechnung in Tabelle 2 und Abbildung 2:

$$\hat{x}_i = \alpha \cdot x_i + (1 - \alpha)\, \hat{x}_{i-1} \qquad \text{für} \quad 0 < \alpha < 1$$
$$x_i\,(i = 1, ..., n)$$
$$t_i\,(i = 1, ..., n)$$

Tabelle 2: Berechnung Exponentielle Glättung

Periode t_i	Reihenwert x_i	Exponentielle Glättung $\hat{x}_i$ bei α =0,6
1	10	0,6*10+0,4*9=9,6
2	8	0,6*8+0,4*9,6=8,64
3	12	0,6*12+0,4*8,64=10,66
4	12	0,6*12+0,4*10,66=11,46
5	10	0,6*10+0,4*11,46=10,58
6	14	0,6*14+0,4*10,58=12,63
7	6	0,6*6+0,4*12,63=8,65
8	8	0,6*8+0,4*8,65=8,26
9	14	0,6*14+0,4*8,26=11,7
10	12	0,6*12+0,4*11,7=11,88
11	12	0,6*12+0,4*11,88=11,95
12	16	0,6*16+0,4*11,95=14,38

Abbildung 2: Exponentielle Glättung

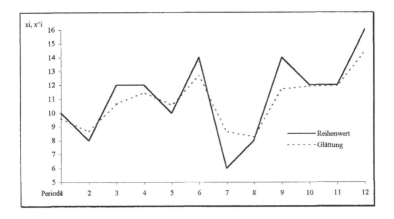

Fazit:

Der große praktische Vorteil dieses Verfahrens ergibt sich dadurch, daß für die fortlaufende Prognose jeweils immer nur der letzte Prognosewert gespeichert werden muß.[15,
S. 240]

Die große Problematik ist hier die subjektive Einflußnahme durch entsprechende Wahl
des Glättungfaktors.

3.2.2.4 Trendextrapolation

Die Trendextrapolation ist die am häufigsten angewendete Methode für langfristige Prognosen. Bei diesem Verfahren wird aus den Vergangenheitswerten eine Trendfunktion bestimmt, bei der die Summe der quadrierten vertikalen Abweichungen der Zeitreihenwerte zu einem Minimum wird (kleinste Quadrate Verfahren). Durch die Quadrierung erreicht man, daß auch größere inhaltlich bedeutsame Abweichungen stärker berücksichtigt werden als kleinere Abweichungen, die eventuell nur auf zufällige Meßungenauigkeiten zurückzuführen sind.

Durch Einsetzen von entsprechenden Zielwerte in der Zukunft erhält man dann eine Trendprognose.

Vorgehen:

Für einen linearen Trend gilt:

$$\hat{x}_i = a + b \cdot t_i$$

$$a = \underline{x} + b \cdot \underline{t}$$

$$b = \frac{n \sum t_i x_i - \sum t_i \sum x_i}{n \sum t_i^2 - (\sum t_i)^2} \qquad \text{mit } x_i \ (i = 1, ..., n) \text{ und } t_i \ (i = 1, ..., n)$$

für die Periode 13 und 14 ergibt sich nach dem Einsetzen aus der Berechnung in Tabelle 3 (Darstellung in Abbildung 3):

$$b = \frac{12 \cdot 920 - 78 \cdot 134}{12 \cdot 650 - 6084} = 0,3426$$

$$a = 11,16 + 0,3426 \cdot 6,5 = 8,9393$$

$$\hat{x}_{13} = 8,9393 + 0,3426 \cdot 13 = 13,3931$$

$$\hat{x}_{14} = 8,9393 + 0,3426 \cdot 14 = 13,7366$$

Tabelle 3: Berechnung Trendextrapolation

Periode t_i	t_i^2	Reihenwert x_i	$t_i \cdot x_i$
1	1	10	10
2	4	8	16
3	9	12	36
4	16	12	48
5	25	10	50
6	36	14	84
7	49	6	42
8	64	8	64
9	81	14	126
10	100	12	120
11	121	12	132
12	144	16	192
$\sum t_i = 78$	$\sum t_i^2 = 650$	$\sum x_i = 134$	$\sum t_i \cdot x_i = 920$
$(\sum t_i)^2 = 6084$			
$\underline{t} = 6,5$		$\underline{x} = 11,16$	

Abbildung 3: Trendextrapolation

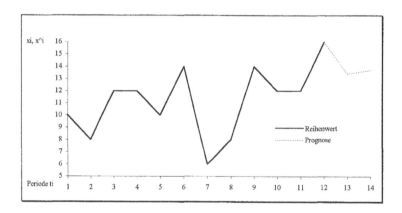

Die nichtlinearen Funktionen

parabolisch $\hat{x} = a + b \cdot t + c \cdot t^2$

exponentiell $\hat{x} = a \cdot b^t$

logistisch $\hat{x} = \dfrac{a}{1 + e^{a + bt}}$

können oft in eine lineare Funktion überführt werden:

z.B.: $\quad x^\wedge = a \cdot b^t \qquad \log x^\wedge = \log a + t \cdot \log b$

Fazit:

Im Gegensatz zu den Verfahren, die auf gleitenden Durchschnitten beruhen, werden mit der Trendextrapolation durch die Funktionsgleichung die ganze Entwicklung der bisherigen Zeitreihe berücksichtigt. Sie bietet somit die Möglichkeit der Prognose nicht nur für die nächste Periode, sondern längerfristig darüber hinaus.

Die richtige Funktionsgleichung zu „erkennen" ist jedoch die Schwierigkeit, zumal dem Trend noch zyklische Schwankungen überlagert sein können. Die Prognose müßte dann in zwei Stufen erfolgen, was das Verfahren verkompliziert und aufwendiger macht. Im ersten Schritt wird die Trendprognose durchgeführt, die dann im zweiten Schritt von der Saisonkomponente überlagert wird [15, S. 236] (Berechnung folgendes Kapitel 3.2.2.5).

3.2.2.5 Verfahren zur Saisonbestimmung

Eine Saisonkomponente kann nur berechnet werden, wenn der Zeitreihe auch wirklich einen saisonalen Zyklus zu Grunde liegt.

Dabei unterscheidet man im wesentlichen zwei Arten von zyklischen Schwankungen: additive und multiplikative. Bei ersterer geht man davon aus, daß die Schwankung bei zunehmendem Trend immer gleich groß bleibt, während bei letzterer die Überlagerung zunimmt.[15, S. 228]

Voraussetzung für die Ermittlung dieser Komponente ist, daß der Trend bereits mit einem der beschriebenen Verfahren ermittelt wurde.

Am Beispiel der gleitenden Durchschnitte soll bei einer additiven Schwankung das Verfahren beschrieben werden.

Vorgehen:

Für die einzelnen Quartale wird die Differenz aus dem Beobachtungswert x_i und dem gleitenden Durchschnitt $x^\wedge_i$ gebildet; diese summiert und durch die Anzahl der Differenzen p aller Quartale dividiert (arithmetisches Mittel). Die erhaltenen Werte geben dann die periodendurchschnittlichen Abweichungen (Bewegung um die Glättungslinie) an. Die Berechnung im einzelnen zeigt Tabelle 4:

$$S = \sum (x_i - \hat{x}_i) / p$$

Tabelle 4: Berechnung Saisonkomponenten

Periode t_i	Reihenwert x_i	Gleitender Durchschnitt $\hat{x}_i$	$x_i - \hat{x}_i$		
1	10	-			
2	8	(10+8+12)/3=30/3=10		-2,0	
3	12	(8+12+12)/3=32=3=10,7			1,3
4	12	(12+12+10)/3=34/3=11,3	0,7		
5	10	(12+10+14)/3=36/3=12		-2,0	
6	14	(10+14+6)/3=30/3=10			4,0
7	6	(14+6+8)/3=28/3=9,3	-3,3		
8	8	(6+8+14)/3=28/3=9,3		-1,3	
9	14	(8+14+12)/3=34/3=11,3			2,7
10	12	(14+12+12)/3=38/3=12,7	-0,7		
11	12	(12+12+16)/3=40/3=13,3		-1,3	
12	16	-			
		$\sum (x_i - \hat{x}_i)$	-3,3	-6,6	8,0
		p	3	4	3
		$S = \sum (x_i - \hat{x}_i) / p$	-1,1	-1,6	2,7

Fazit:

Mit Hilfe dieser Methode können Prognosen verbessert werden. Sie setzt jedoch wieder voraus, daß grob die Art der zyklischen Schwankung bekannt ist.

3.2.3 Bewertung

In dem vorangegangenen Abschnitt wurde nicht nur das prinzipielle Vorgehen bei den einzelnen Verfahren beschrieben, sondern auch schon einige Schwachstellen herausgestellt, die noch einmal zusammengefaßt werden sollen. Es lassen sich bei Zeitreihenprognosen zwei generelle Probleme erkennen, wobei bei den klassischen Verfahren noch drei spezielle Probleme hinzukommen.

Generelle Problematik:

- Zeitstabilitätshypothese

  Für einmal in der Vergangenheit gefundene Gesetzmäßigkeiten wird angenommen, daß sie auch weiterhin Gültigkeit haben. Sie werden in die Zukunft übertragen.

  Gerade bei ökonomischen Prozessen ist dies jedoch oft nicht der Fall (Strukturbrüche, z.B. Pillenknick).

- Randbedingungen

  Es werden stets konstante Randbedingungen angenommen. Spezielle ökonomische Einflußgrößen finden somit keine Berücksichtigung. Solche Einflußgrößen können nach Berekoven u.a. sein: [2, S. 269]

  1. Makroökonomische Umweltgrößen (z.B. Konjunktur, Wachstum, Stabilität, Inflation, Sozialprodukt, Einkommen etc.)
  2. Soziale Umweltgrößen (z.B. Normen, Mode, Schichten etc.)
  3. Technische Umweltgrößen (z.B. Energie, Kapazitäten)
  4. Rechtliche Umweltgrößen (z.B. Beschränkungen durch UWG und GWB)
  5. Politische Umweltgrößen (z.B. Gesellschaftssystem)

Spezielle Problematik:

- Vereinfachung

  Bei vielen Verfahren werden von vornherein zur besseren und schnelleren Handhabung bzw. zur Vermeidung komplizierter Berechnungen grobe Vereinfachungen vorgenommen, so daß man teilweise dem Anspruch einer Prognose kaum mehr gerecht wird.

- Einflußnahme
  Die Verfahren bieten die Möglichkeit die Prognose zu „ lenken ", d.h. direkt oder indirekt subjektiv Einfluß zu nehmen (z.B. Glättungsfaktor).

- Ansatz
  Es besteht die Notwendigkeit der Annahme bzw. Schätzung von mathematischen Funktionen. Dabei eröffnet sich natürlich grundsätzlich die Gefahr der Wahl eines falschen Ansatzes (statt einer exponentiellen eine lineare Funktion). Dies bezieht sich auch auf die Annahme der Art und der Eigenschaften der Überlagerung von periodischen Schwankungen.[15, S. 237]

Als Quintessenz dieser Ausführungen steht eigentlich die Forderung und der Wunsch nach einem Verfahren, das *mindestens eines* der genannten Mängel beseitigen oder teilweise ausschalten kann. Ein Ansatz dazu könnten moderne Prognosemethoden mit Hilfe Künstlicher Neuronaler Netze (KNN) sein.

4 Moderne Prognosemethode - Künstliche Neuronale Netze

4.1 Historischer Überblick

Nachdem in den sechziger Jahren auf Grund der Entwicklung und Vorstellung der ersten brauchbaren Modelle künstlicher Intelligenz (KI) eine wahre Euphorie ausgebrochen war, ebbte die Stimmung nicht zuletzt durch die desillusionierenden Untersuchungen von Minsky und Papert (1969) [11] in den siebziger Jahren abrupt wieder ab. Gerade an Künstliche Neuronale Netze (KNN) wurden Erwartungen geknüpft, die diese nicht im entferntesten erfüllen konnten. Zum einen waren die entwickelten Modelle noch nicht so ausgereift und in ihrer Vielseitigkeit erprobt. Zum anderen müssen zum Training der Neuronalen Netze riesige Datenmengen bewältigt werden. Bei dem damaligen Stand der Hardware-Technik führte das zu einem enorm langsamen Training bzw. zu äußerst langen Rechenzeiten.

In den achtziger Jahren begann dann mit neuer Sichtweise eine Renaissance des soge-nannten Soft Computing vor allem in den technischen Fachgebieten: Regelungstechnik, Bildverarbeitung, Informatik, Robotertechnik und Medizintechnik.

Die rasante Entwicklung der letzten zehn Jahre in der Hardware-Technik und eine neue Generation von Erprobung der Verfahren hat dazu geführt, daß Künstliche Neuronale Netze auch mehr und mehr auf wirtschaftliche Gebiete mit unterschiedlichsten Problem-stellungen angewendet werden. Dabei sind die neuen Methoden nicht unbedingt als Kon-kurrenz , sondern mehr als Ergänzung zu den klassischen Verfahren zu sehen.
Neben der Klassifikation als bisherige Hauptanwendung, wie z.B. Qualitätsüberwachung, Kreditwürdigkeitsüberprüfung, Marktsegmentierung, Entscheidungshilfe, Opti-mierungsprobleme [3][5][13], stellen die Künstlichen Neuronalen Netze jetzt auch ein leistungsfähiges Analyse- und Prognoseinstrument zur Verfügung. In den Veröffentli-chungen wurden bereits umfangreiche Untersuchungen auf ähnlichen Gebieten der Zins-

Wechselkurs- und Aktienprognose vorgestellt. Es konnte nachgewiesen werden, daß bei derartigen nichtlinearen Systemen die Neuronalen Netze zumindest ebenbürtig und abhängig von der Aufgabenstellung sogar überlegen sind.[3][13][20][21]

4. 2 Eigenschaften und Vorteile

Neuronale Netze verfügen auf Grund ihres Aufbaus (Kapitel 4.3) und der damit verbundenen besonderen Form der Wissensrepräsentation über eine Vielzahl wünschenswerter Eigenschaften, wobei zwei besonders herausragen: Lernfähigkeit und Generalisierungsfähigkeit.

■ Lernfähigkeit/Selbstorganisation:
   Zur kurzen Rekapitulation: Bei herkömmlichen klassischen Verfahren besteht entweder die Möglichkeit die Zeitreihen der Beobachtungswerte zu glätten und auf Grund dieser Glättung eine Prognose zu erstellen; oder durch Erkennen bzw. Ermitteln einer mathematischen Funktion die Zeitreihe in der Zukunft fortzuschreiben. Im ersten Fall werden „ durch die Glättung viele relevante Informationen ʼherausgeglättet' ". [21, S. 2] Im zweiten Fall besteht immer das Problem des Findens bzw. der Wahl der richtigen mathematischen Funktion, die den Verlauf der Zeitreihe auch annähernd wiedergibt.
   Der große Vorteil der Künstlichen Neuronalen Netze liegt in der grundsätzlich anderen Vorgehensweise: Das Netz lernt, aus der Vielzahl ihm repräsentierten Beispieldaten (Beobachtungswerten), allmählich bestimmte Beziehungsgefüge zu erkennen. Dabei wird nicht unbedingt versucht, bestimmte Muster in den Verläufen zu erkennen, es wird vielmehr versucht, in den Mustern versteckte Informationen über charakteristische Merkmale zu entdecken und selbständig Regeln (Algorithmen) zum Erkennen herauszukristallisieren.[17, S. 11] Sind diese Regeln nach dem Training gefunden, sind diese Informationen bzw. das Wissen darüber im Netz in Form von Gewichtungskoeffizienten verteilt gespeichert. So ist es möglich jede Art linearer und nichtlinearer Ursache/Wirkung Zusammenhänge abzubilden.

■ Generalisierungsfähigkeit

Auf Grund dieses im Training gelernten Wissens um Merkmalsstrukturen, d.h. auf Basis der erlernten Zusammenhänge, ist das Künstliche Neuronale Netz danach generell in der Lage bis dato unbekannte Zeitreihen von Beobachtungswerten zu interpretieren, Schlüsse zu ziehen und fortzuschreiben. Dabei ist für den Anwender keinerlei Kenntnis über strukturelle Zusammenhänge oder mathematische Funktionen notwendig.

4.3 Funktionsprinzip

In diesem Abschnitt soll in kurzer Form eine Einführung in den Aufbau und die Funktionsweise Künstlicher Neuronaler Netze gegeben werden. Dabei geht die Darstellung nur soweit, wie es zum unbedingten Verständnis für die Erstellung einer Prognose mit Künstlichen Neuronalen Netzen notwendig ist. Bewußt wird auch nur ein Modell, das Multilayer Perceptron mit Back-Propagation Lernverfahren, ausgewählt. Dies ist nach Auswertung der Literatur das bisher am meisten angewendete und erfolgreichste Verfahren bei Anwendungen in der Ökonomie bzw. bei wirtschaftlichen Problemstellungen. [1][3][5][7][13][17][20][21][22]

Für weitergehende Studien über die vielfältigen Modellvarianten und Lernverfahren wird auf die ausgezeichneten Veröffentlichungen von Rojas [14] und Hamilton [8] verwiesen.

4.3.1 Biologisches Vorbild

Vorbild für den Aufbau der einzelnen Einheiten eines Künstlichen Neuronalen Netzes ist die Nervenzelle (Neuron) des zentralen Nervensystems.

Bei einer typischen Nervenzelle lassen sich, wie in Abbildung 4 ersichtlich, drei Hauptbestandteile unterscheiden: Dendrit, Soma (Zellkörper), Axon (mit Synapsen). Sie können ungefähr den Aufgaben Eingabe, Verarbeitung und Ausgabe zugeordnet werden.

Abbildung 4: Aufbau eines Neuron (Nervenzelle)

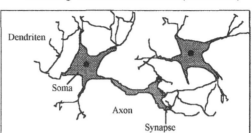

- Dendrit

Dendriten sind kürzere, oft stark verzweigte, dünne Fortsätze. Sie empfangen Erregungen und leiten diese an den Zellkörper weiter.

- Soma

Der Zellkörper verarbeitet die ankommenden Signale, indem er diese aufaddiert. Nach dem überschreiten eines Schwellwertes gibt er einen elektrischen Impuls über das Axon ab.

- Axon (mit Synapsen)

Axone sind meist etwas dickere längere Fortsätze, die sehr weit verästelt sein können. Die Verästelungen weisen an den Enden Verdickungen (Kontaktstellen/Synapsen) auf, mit denen sie mit den Dendriten nachfolgender Neuronen verbunden sind.

Jeder über die Verästelungen von den Zellkörpern ankommender elektrischer Impuls bewirkt eine mehr oder weniger große Potentialerhöhung oder Potentialverringerung in den Synapsen. Nach dem jeweiligen Überschreiten eines Schwellwertes und der Weitergabe des Signals kann sich dies also entweder aktivitätssteigernd (positives Potential) oder aktivitätshemmend (negatives Potential) beim nächsten Neuron auswirken.

Die Stärke der Verbindung zwischen den Neuronen, und damit auch ihr Verhalten, hängt also im Wesentlichen von den Synapsen ab. Sie regeln die Kommunikation als eine Art Informationsträger.

Die Verbindungen zwischen den Neuronen sind somit nicht statisch, sonder können sich permanent ändern. Diese Variabilität der Verbindungen ist die Basis für die Lernfähigkeit des Gehirns, wobei die Informationen (das Wissen) in Form von Potentialen in den Synapsen der vielfältig verästelt, netzartigen Strukturen der Neuronen gespeichert sind.

4.3.2 Aufbau

4.3.2.1 Künstliches Neuron

Aus der in Kapitel 4.3.1 beschriebenen Funktionsweise des biologischen Neurons kann man schon den Ansatz zur Ableitung eines Modells für ein künstliches Neuron erkennen.

Biologisch:
Die von den vorhergehenden Neuronen über die Axone abgegebenen Signale werden in Abhängigkeit vom Zustand (Potential) der Synapsen über die Dendriten empfangen und an den Zellkörper weitergegeben.

Künstlich:
Die von n vorhergehenden Neuronen abgegebenen Signale x_i werden gekoppelt mit dem Zustand der Synapsen durch jeweilige Multiplikation mit einem Gewichtungsfaktor w_i. Genau wie bei dem biologischen Vorbild kann diese Wichtung aktivitätsfördernd (positiv) oder aktivitätshemmend (negativ) sein. So wie das biologische Netz seine Lerninformation in dem Potential bzw. der Potentialänderung der Synapsen hat, lernt das künstliche Netz durch Änderung der Gewichte.

Biologisch:
Die ankommenden Signale werden im Zellkörper aufsummiert. Bei Erreichen eines Schwellwertes wird das Neuron aktiviert und gibt ein Signal über die Axone ab.

Künstlich:
Zunächst erfolgt am Neuron j eine Summierung zu der Eingangsfunktion net_j

$$net_j = \sum x_i \cdot w_i \qquad \text{mit } x_i \ (i = 1,..., n) \text{ und } w_i \ (i = 1,..., n)$$

31

Zur Berechnung der Aktivität wird bei dem hier beschriebenen Modell ein zusätzlich neuroneneigener gewichteter Eingang (Bias b_j) hinzuaddiert. Dieser Eingang gibt immer einen konstanten Wert +1 ab. Das dazugehörige Gewicht kann als Schwellwert w_o angesehen werden. Die Aktivierung erfolgt über eine Aktivierungsfunktion a_j. Da in diesem Modell die Ausgangsfunktion o_j gleich der Aktivierungsfunktion a_j ist, spricht man auch oft von einer Transferfunktion. Somit ergibt sich für ein beliebiges Neuron j

$$o_j = a_j = f(net_j) = f(\sum x_i \cdot w_i + b_j) \quad \text{mit } x_i \ (i = 1,..., n) \text{ und } w_i \ (i = 1,..., n)$$

Der Aktivierungsfunktion kommt eine zentrale Rolle zu, denn die Wahl des Typs bestimmt maßgeblich das Verhalten des Neurons bzw. des Netzes.
Es stehen die verschiedensten Funktionstypen zu Verfügung. Neben der linearen und der Sprungfunktion haben sich bei den wirtschaftlichen Anwendungen die Tangens Hyperbolicus und die Sigmoide Funktion als am günstigsten erwiesen.[22, S. 45f.][16]
Den prinzipiellen Aufbau und die Analogie verdeutlicht noch einmal Abbildung 5.[21, S. 23; verändert]

Abbildung 5: Aufbau eines künstlichen Neurons

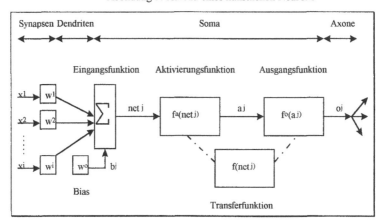

4.3.2.2 Topologie

Neuronen treten nun nicht alleine auf. Verknüpft man die Ein- und Ausgänge einer Vielzahl von Neuronen, so läßt sich eine beliebige Anzahl von Netzwerken konstruieren. Vorgestellt wird an dieser Stelle der Netztyp, der bisher als einziger für Prognosen verwendet wird. Es ist dies das mehrfach geschichtete (Multilayer Perceptron) vorwärtsgekoppelte (Feet Forward) Netzwerk, dargestellt in Abbildung 6.

Abbildung 6: Vorwärtgerichtetes Mehrschichtenmodell

(Feet Forward Multilayer Perceptron)

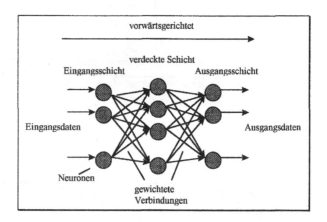

Bei diesem Typ werden gleichartige Neuronen zu Schichten zusammengefaßt. Man geht dabei von drei Arten von Schichten aus: einer Eingabeschicht (Input Layer), einer oder zwei verdeckten Schicht(en) (Hidden Layer) und einer Ausgangsschicht (Output Layer). Die Anzahl der Neuronen in den einzelnen Schichten ist variabel. Innerhalb einer Schicht gibt es keine Verbindungen; die Ausgänge sind immer nur mit allen Eingängen der nächsten Schicht verbunden.

Die Neuronen der Eingabeschicht erhalten die Eingabedaten und jedes einzelne Neuron errechnet daraufhin seinen neuen Ausgabewert. Dieser wird dann an die verknüpften Neuronen der nächsten Schicht weitergegeben. Diese erhalten somit von mehreren vorgelagerten Neuronen die Ausgangswerte als Eingangswerte und errechnen ihrerseits wieder Ausgangswerte. Die letzte Schicht (Ausgangsschicht) gibt das Ergebnis aus.

Den wichtigsten Teil bei diesem Netztyp bildet die verdeckte Schicht. Sie ist eine Art Black-Box und für den Anwender nicht einsehbar. In dieser Schicht werden die Eingabemuster, z.b. der Verlauf der Beobachtungswerte verschiedener Zeitreihen, interpretiert und die Informationen darüber in den verschiedenen Gewichten der Verbindungen gespeichert.[17, S. 17]

4.3.3 Lernverfahren

Wie schon in Kapitel 4.2 dargelegt, ist eines der wichtigsten Eigenschaften der Künstlichen Neuronalen Netze die Lernfähigkeit, d.h. die Fähigkeit durch Veränderungen der Gewichtungsfaktoren Wissen über Strukturen von Mustern von präsentierten Eingabedaten zu interpretieren und zu erlernen. Zu diesem Zweck müssen dem Künstlichen Neuronalen Netz eine Menge von Daten in einer sogenannten Trainingsphase präsentiert werden.

Die Art des Lernens kann man vorweg in zwei Kategorien einteilen: nicht überwachtes und überwachtes Lernen. Beim ersten muß das Künstliche Neuronale Netz allein aus der Präsentation der Eingabedaten lernen und selbständig Klassifikationskriterien finden. Beim zweiten werden dem Netz zusätzlich noch gewünschte Ausgabemuster präsentiert. Das Lernen besteht nun darin, die Gewichtungsfaktoren so zu verändern, daß der Fehler zwischen den errechneten Ausgabewerten und den gewünschten präsentierten Ausgabewerten minimiert wird. Diese Art des Lernens wird fast ausschließlich bei Prognosen angewendet. [12, S. 36]

Zur Durchführung werden zunächst Trainingssätze zusammengestellt, d.h. Paare von Eingabe- und gewünschten Ausgabedaten. Danach werden die Gewichtungsfaktoren mit Zufallszahlen belegt und die ersten Eingabedaten präsentiert.

Nach jedem Zyklus p wird der Fehler E_p ermittelt. Dazu bildet man die Summe aus den Quadraten der Differenzen zwischen Ist- und Sollausgabedaten (Y_{soll} - $Y_{ist.}$).

$$E_p = \sum (Y_{j,soll} - Y_{j,ist})^2 \text{ mit } Y_j \ (j = 1,...n) \qquad \text{(Delta-Regel)}$$

Der Fehler E für alle Trainingszyklen ergibt sich dann aus der Summe der Einzelfehler E_p

$$E = \sum E_p = \sum \sum (Y_{j,soll} - Y_{j,ist})^2 \qquad \text{mit } Y_j \ (j = 1,...n) \text{ und}$$
$$\text{mit } E_p \ (p = 1,...k)$$

Dieser Fehler wird benötigt, um die notwendigen Veränderungen der Gewichtungsfaktoren Δ w zu bestimmen.

$$\Delta w = \alpha \cdot \frac{dE}{dw} \qquad \text{(Gradienten-Abstiegsverfahren)}$$

Dieser Vorgang verläuft dann nacheinander für alle Schichten des Netzes rückwärts entgegengesetzt zur Richtung des Informationsflusses (Back-Propagation). [12]

Bei jedem neuen Trainingszyklus werden also die Gewichtungsfaktoren so angepaßt, daß sie zu einer Minimierung der Fehlerfunktion führen. Unterschreitet der Gesamtfehler eine vorgegebene Fehlertoleranzschwelle, ist das Training beendet. Der eigentliche Einsatzzweck, aus unbekannten Eingangsdaten neue Ausgangsdaten (Prognose) zu produzieren (propagieren), kann beginnen.

5. Datenanalyse und Prognoseerstellung mit einem Künstlichen Neuronalen Netz

Die Entwicklung und der Aufbau eines Künstlichen Neuronalen Netzes erfolgt nach keinem festen Schema; es existiert kein allgemeingültiger Entwicklungsalgorithmus im eigentlichen Sinne. Ursachen dafür sind vor allem zwei Dinge:

- Aus jeder spezifischen Aufgabenstellung ergeben sich schon spezifische, immer wieder andere, Anforderungen im Hinblick auf Topologie und Architektur (Anzahl der Ein- und Ausgänge, Zahl der Verbindungen etc.); d.h. jedes Netz ist sehr individuell.

- Künstliche Neuronale Netze bieten eine enorme Vielfalt an veränderbaren Parametern bzw. Einflußmöglichkeiten, die in ihrer Kombination unmöglich ausgeschöpft werden können. „ Die Inspiration und Erfahrung des Netzwerkdesigners ist ausschlaggebend für die Qualität des Netzes. Das heißt, die Netze werden um so besser, je mehr man ausprobiert und je öfter man etwas neues versucht."[17, S. 47] Die Hauptarbeit ist daher das Entwerfen, Ausprobieren, Verändern und Testen des Netzes.

Um jedoch die Entwicklung eines Künstlichen Neuronalen Netzes für diese gestellte Problemthematik anschaulicher zu machen, wird in dieser Arbeit versucht, den Ablauf zu strukturieren und zu systematisieren. (siehe Struktogramm in Abbildung 7 Seite 36)

In einer Vorbetrachtung soll vorab geklärt werden, welche Ausgangssituation vorhanden ist (Daten, Soft- und Hardware). Zudem soll abgeschätzt werden, welche Erwartungen und Forderungen an das Netz gestellt werden müssen.

Wie man aus dem Struktogramm erkennen kann, beinhaltet die eigentliche Entwicklung eines Netzes zwei Teilkomplexe: die Datenaufbereitung (Daten und Dateien) und das eigentliche Training. Dieses Training wird zyklisch unterbrochen durch Tests. Je nach Ergebnis wird, ausgehend von Standardwerten, zuerst versucht, die günstigste Archi-

36

Abbildung 7: Struktogramm Netzentwicklung und Prognose

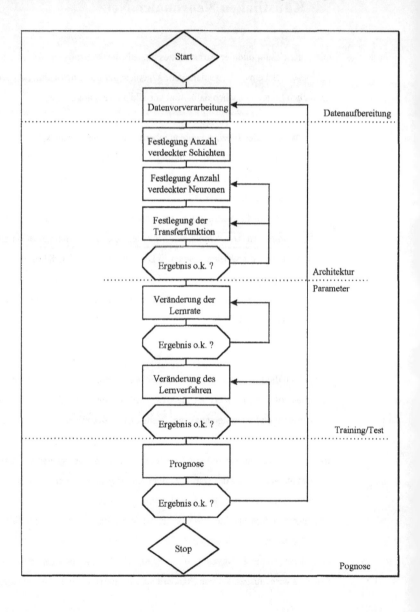

tektur zu finden. Anschließend werden die Parameter variiert, um den Testfehler zu minimieren und ein optimal angepaßtes Netz zu erhalten.

Dieses Netz soll dann in der folgenden Phase zur Prognoseerstellung genutzt werden. Je nach Qualität der Prognose kann dann versucht werden, durch Veränderung der Vorverarbeitung und erneutes Durchlaufen der Schleife die Prognose noch zu verbessern.

5.1 Vorbetrachtung

Datenmaterial:

Die Firma INBITEC GmbH besteht aus vier Wirtschaftsbereichen: der Kopiertechnik, der Netzwerktechnik, der Computertechnik und den Forschungsprojekten. Maßgeblich für den Untersuchungsgegenstand dieser Arbeit sind die Kopiertechnik mit Lager und der Computerladen mit Zubehör- und Ersatzteillager.

Da die Firma aus betriebsinternen Gründen keine Absatzzahlen für einzelne Produkte bzw. Bereiche angeben kann oder will, werden für die beiden Bereiche, die entscheidend für die Größe des Lagers und des Ladens sind, aus der Buchhaltungssoftware die kalendermonatlichen Umsätze der letzten neun Jahre (1/1990 - 12/1998) zur Verfügung gestellt. Die Umsätze sollen als indirektes Maß für die Absätze gelten.

Es steht somit eine Zeitreihe von 108 Werten in Excel-Format zur Verfügung (Abbildung 8).

Abbildung 8: Umsatz Kopier- und Computertechnik 1/1990 - 12/1998

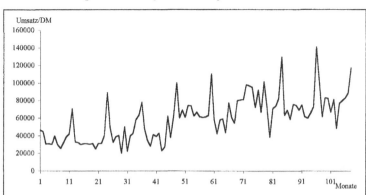

Hard- und Software:

Die Berechnungen wurden auf einem PC (Pentium, 200 Mhz, 32 MB Hauptspeicher) durchgeführt.

Zur Datenaufbereitung, Entwicklung, Training und Test eines Künstlichen Neuronalen Netzes wird das Programm DataEngine™ (Version 2.1) [2] verwendet. Es ist in der Lage, Dateien im Excel-Format bis zur Version 4.0 einzulesen. Zur Umwandlung der Ausgangsdaten in dieses Format und zur Erstellung von Tabellen wird das Programm MS-Excel™ [3] benutzt.

Zielvorstellungen:

Es soll ein trainiertes Neuronales Netz entwickelt werden, daß in der Lage ist, eine Prognose einen Kalendermonat im Voraus zu erstellen. Das Netz soll stabil arbeiten. Die Optimierung der Parameter und die Architektur soll bei dieser univariaten Aufgabenstellung auf Basis der durch die Daten selbst zur Verfügung gestellten Informationen erfolgen. Kriterien für die Auswahl der besten Netzvariante sollen neben dem Trainings- und dem Testfehler vor allem ein minimaler Prognosefehler sein.

5.2 Netzentwicklung

5.2.1 Datenaufbereitung

5.2.1.1 Datenvorverarbeitung

Von allen Autoren, die sich mit Künstlichen Neuronalen Netzen befassen, wird immer wieder betont, daß die Datenvorverarbeitung beinahe genauso wichtig wie die Daten selbst ist. [z.B. 3, 21, 22] Unter Datenvorverarbeitung wird eine programmgerechte Aufbereitung der Daten für die Eingabe in ein Netz verstanden. Dabei stehen zwei Maßnah-

---

[2] © MIT -Management Intelligenter Technologien GmbH, Aachen, D, 1997; Lizensiert für die INBITEC GmbH.
[3] © Microsoft Corporation, USA, 1995; Lizensiert für die INBITEC GmbH.

men im Vordergrund: die Normierung und die Trendbefreiung (sofern ein Trend vorhanden ist).

Normierung:

„ Die Notwendigkeit einer Normierung der Daten für ein Neuronales Netz ergibt sich aus zweierlei Gründen. Zunächst muß sichergestellt sein, daß alle Eingänge des Netzes dieselbe Gewichtung haben. Wenn die Eingangsdaten zweier Neuronen in sehr unterschiedlichen Wertebereichen liegen, so wird beim Training das Neuron bevorzugt, an dem die größeren absoluten Werte anliegen. Ein zweiter Grund liegt in der Transferfunktion der Neuronen." [22, S.196] Wird hier die Sigmoid Funktion oder die Tangens hyperbolicus Funktion gewählt (siehe Kapitel 5.2.2.3 Transferfunktion), haben diese einen beschränkten Wertebereich. „ Ein Neuron kann also keinen Ausgangswert liefern, dessen Betrag größer als 1 ist ... Der Ausgang des Neurons kann auch den Wert 1 nicht annehmen, da sich die Transferfunktionen nur asymptotisch an 1 annähern. Aus diesem Grund wird ... eine Skalierung auf den Bereich 0.1 bis 0.9 vorgenommen." [22, S.196] Werden keine sinnvollen Wertebereiche benutzt, so konvergieren die Künstlichen Neuronalen Netze im allgemeinen nicht und liefern somit keine brauchbaren Prognosewerte. [22]

Trendbefreiung:

In vielen Fällen lernen Künstliche Neuronale Netze besser, wenn die Daten von Trend befreit worden sind. Das Lernen bzw. die Veränderung der Gewichte ist dann nicht mehr von dem jeweiligen momentanen Niveau der Werte abhängig.

Eine einfache Trendprüfung wird mit Hilfe der gleitenden Durchschnitte durchgeführt (siehe Kapitel 3.2.2.2 Verfahren der gleitenden Durchschnitte). Dabei wird ein Zeitintervall (Fensterbreite) von z.B. 12 für die Periode von genau einem Jahr verwendet. In Abbildung 9 ist in der Tat deutlich ein steigender Trend zu erkennen.

Die trendbefreiten Daten erhält man durch einfache Subtraktion des gleitenden Durchschnitts von den Originaldaten.

40

Diese trendbefreiten Daten werden dann ebenfalls, wie oben bereits beschrieben, normiert und als Trainings- und Testdaten verwendet (Darstellung in Abbildung 10).

Abbildung 9: Trenderkennung (Gleitender Durchschnitt)

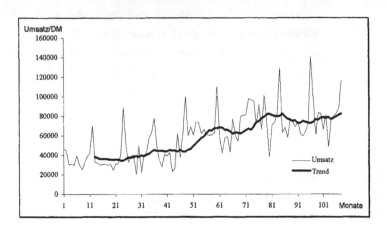

Abbildung 10: Trendbefreite normierte Daten

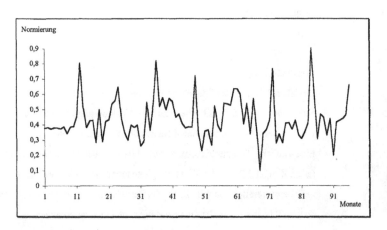

5.2.1.2 Dateienvorbereitung

Die normierten Daten müssen nun dahingehend weiterbearbeitet werden, daß sie eine von dem Anwendungsprogramm DataEngine ™ geforderte Struktur (Matrix) aufweisen. Zudem muß eine Trainings- und eine Testdatei erstellt werden.

Matrixerstellung:

Zur kurzen Rekapitulation (siehe Kapitel 4.3.3 Lernverfahren): Beim überwachten Lernen werden dem Künstlichen Neuronalen Netz eine Zeitreihe von Beobachtungswerten (in diesem Fall: 12 - für die zwölf Monate eines Jahres) präsentiert. Durch Vergleichen eines errechneten Ausgangswertes (für einen zu prognostizierenden 13. Monat) mit einem gleichzeitig präsentierten gewünschten (originalen) Ausgangswert (13. Monat) werden die Gewichte in Richtung Minimierung des Fehlers verändert.

Um nun alle Monate in diesen Lernprozeß einzubeziehen, werden die Datensätze immer jeweils um einen Monat nach vorn verschoben (siehe Abbildung 11). [19, S. 197; verändert]

Abbildung 11: Erstellung von Datensätzen aus einer Zeitreihe

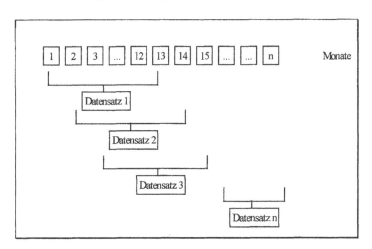

Jeder dieser 13 Datenwerte eines Datensatzes bildet genau eine Zeile der von dem Anwendungsprogramm DataEngine™ geforderten Eingabematrix, dessen Struktur in Tabelle 5 dargestellt ist.

Tabelle 5: Struktur der Eingangsdatei bei DataEngine™ [12; verändert]

Eingangsdaten				Ausgangsdaten			
Eing. 1	Eing. 2	...	Eing. n	Ausg. 1	Ausg. 2	...	Ausg. n
Eing. 1	Eing. 2	...	Eing. 12	Ausg. 1			
Spalte 1	Spalte 2	...	Spalte 12	Spalte 13			

Da durch die Bildung dieser Matrixstruktur zwölf Zeilen Fehlstellen aufweisen, werden diese entfernt (108 - 12 = 96), so daß eine Matrix 96 * 13 entsteht.

Erstellung Trainings- und Testdatei:

Bei der Präsentation (Training) der 96 Datensätze lernt das Künstliche Neuronale Netz und überprüft, ob und wie gut (Trainingsfehlerminimierung) es die Strukturen der Zeitreihe erkennen kann. Um jedoch festzustellen, wie gut das Netz generalisiert, d.h. sich bei neuen ungesehenen Datensätzen verhält, soll das Netz mit nicht für das Training verwendeten Datensätzen getestet werden. Zu diesem Zweck wird die Ausgangsdatei aufgespalten in eine Trainingsdatei mit 84 Datensätzen (Matrix 84 * 13) und eine Testdatei mit 12 Datensätzen (Matrix 12 * 13), was genau der Zeitreihe für ein ganzes Jahr entspricht.

5.2.2 Architektur

5.2.2.1 Anzahl der verdeckten Schichten

Prinzipiell besteht die Möglichkeit , eine oder zwei verdeckte Schichten zu verwenden. Für die Wahl läßt sich in kurzer Zusammenfassung der Thesen von Masters [10] folgendes feststellen:

Jede Funktion, die zum einen kontinuierlich ist, zum anderen keinen unbeschränkten Wertebereich hat und zudem nicht asymptotisch verläuft, ist mit einem dreischichtigen Netzwerk (d.h. mit einer verdeckten Schicht) trainierbar.

Es wurde in mehreren wissenschaftlichen Veröffentlichungen nachgewiesen, „ ... daß im Prinzip eine Schicht mit verdeckten Neuronen ausreicht und zwar für jedes beliebige Problem." [17, S. 50] Allerdings kann die Verwendung nur einer verdeckten Schicht dazu führen, daß zur Lösung schwierigster Probleme, wie z.B. bei Klassifikationen, sehr viele Neuronen in dieser Schicht und somit sehr viele Verbindungen benötigt werden. Dies erfordert dann zwangsläufig sehr lange Trainingszeiten. Für solche Fälle sind zwei verdeckte Schichten angebracht, für die in dieser Arbeit behandelten Problematik wird eine Schicht verwendet.

5.2.2.2 Anzahl der Neuronen

Anzahl der Eingangsneuronen:
Die Anzahl der Eingangsneuronen ergibt sich zwangsläufig aus der Anzahl der Eingabewerte. Wie in Tabelle 5 ersichtlich, werden zwölf Eingangsdatenwerte verwendet und somit zwölf Eingangsneuronen benötigt.

Anzahl der Ausgangsneuronen:
Die Anzahl der Ausgangsneuronen ergibt sich aus dem gewünschten Prognosezeitraum. Bei der hier behandelten Thematik soll eine Prognose für einen Monat im Voraus erstellt werden. Somit wird ein Ausgabeneuron benötigt (siehe Tabelle 5).
Sollte später eine Prognose für zwei oder drei Monate im Voraus erwünscht werden, muß das Netz neu trainiert und die Trainings- bzw. Testdateien neu erstellt werden.

Anzahl der verdeckten Neuronen:
Die Wahl der Anzahl verdeckter Neuronen ist, wie schon kurz in Kapitel 5.2.2.1 (Anzahl der verdeckten Schichten) angedeutet, eine schwierige Problematik. Die Spannbreite der Empfehlungen in der Literatur liegt zwischen der Hälfte und dem Zehnfachen der Anzahl der Eingangsneuronen. [17, S. 48] Gerade dieser Punkt ist aus Sicht des Autors sehr

abhängig von der Erfahrung und vielleicht auch von dem verwendeten Anwendungsprogramm. Die Erfahrungen münden meist in sogenannten Daumenregeln von denen aus
man sich 'vortastet'.

Grundsätzlich muß man bei der Entscheidung folgende Gesichtspunkte beachten:

- Werden sehr viele verdeckte Neuronen verwendet und dazu noch relativ wenige Trainingsdatensätze, kann das Künstliche Neuronale Netz auf Grund der
  vielen vorhandenen Verbindungen die erkannten Strukturen auswendig lernen.
  In diesem Fall spricht man vom sogenannten Overfitting. Das Netz hat einen
  äußerst geringen Trainingsfehler. Bei den unbekannten Testdaten produziert es
  aber einen sehr großen Fehler; d.h. die Generalisierungsfähigkeit wird deutlich
  herabgesetzt. In der graphischen Darstellung der Fehler kann man diesen Effekt gut erkennen. Im Extremen sind sogar soviel Verbindungsgewichte vorhanden, daß jedes Trainingsbeispiel separat 'gespeichert' werden kann.

- Werden dagegen zu wenige verdeckte Neuronen verwendet, können unter
  Umständen die Strukturen nicht erkannt werden und das Netz verallgemeinert
  zu grob. Dies zeigt sich in einem hohen Trainingsfehler.

Der besondere Vorteil eines Künstlichen Neuronalen Netzes (Kapitel 4.2 Eigenschaften
und Vorteile) liegt in seiner Generalisierungsfähigkeit. Es sollte daher darauf besondere
Wert gelegt werden. Das bedeutet für die Anzahl der verdeckten Neuronen: so komplex
wie nötig, so wenig wie möglich.

An dieser Stelle soll noch eine weitere, häufig angewendete, Methode zur Ermittlung eines optimalen Netzes erwähnt werden: das sogenannte strukturadaptierte Verfahren. Bei
diesem Verfahren wird die Topologie des Künstlichen Neuronalen Netzes *während* des
Lernprozesses verändert. Dabei gibt es zwei Strategien:

1. Man beginnt mit wenigen verdeckten Neuronen und baut bei Bedarf weitere Neuronen in die Schicht ein ; vergrößert das Netz und die Anzahl der Verbindungen. Diese Methode wird allerdings selten angewendet.

2. Der umgekehrte Fall wird häufig angewendet. Man startet mit einem sehr großen Netz und entfernt solche Verbindungen, die keinen oder nur sehr geringen Einfluß zu haben *scheinen* durch Löschen der entsprechenden Gewichtungen (Prunning-Verfahren). Dieses Verfahren wird auch von der DataEngine™ angeboten.

Der Autor steht dem Prunning-Verfahren sehr skeptisch gegenüber. Er hat in der Mehrzahl der Fälle die Erfahrung gemacht, daß zu Beginn des Lernprozesses Verbindungen gelöscht wurden, die dem Netz im weiteren Verlauf des Trainings dann 'gefehlt' haben um zu akzeptablen Trainingsfehlern zu gelangen. Dies konnte auch nicht wesentlich durch Variieren der Prunning-Schwelle und der Zeitkonstante verbessert werden.

Als Resümee der bisherigen Darlegungen wird folgendermaßen vorgegangen:

1. Auf das Prunning-Verfahren wird verzichtet.

2. Ausgangspunkt sind eigene Erfahrungen (Daumenregel): Die Anzahl der verdeckten Neuronen ergibt sich daraus, daß für jede Verbindung innerhalb des Künstlichen Neuronalen Netzes mindestens die doppelte Anzahl an Trainingsdatensätzen vorhanden sein sollten. Bei drei verdeckten Neuronen ergeben sich bei zwölf Eingangsneuronen und einem Ausgangsneuron 39 Verbindungen. Bei 84 Trainingsdatensätzen ist dieses Verhältnis eingehalten.

3. Um Auswirkungen einer Veränderung der Anzahl verdeckter Neuronen zu untersuchen, wird die Anzahl zum einen erhöht (5 verdeckte Neuronen) und zum anderen verringert (1 verdecktes Neuron).

5.2.2.3 Transferfunktion

Als Transferfunktion werden in der Praxis meist die folgenden drei Funktionen verwendet:

Lineare Funktion $\qquad\qquad y = f(x) = a\,x + b$

Tangens Hyperbolicus Funktion $\qquad y = f(x) = \dfrac{e^x - e^{-x}}{e^x + e^{-x}}$

Sigmoide Funktion $\qquad\qquad y = f(x) = \dfrac{1}{1 - e^{-x}}$

Abbildung 12: Lineare Funktion $\qquad\qquad$ Abbildung 13: Tangens Hyperbolicus

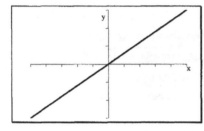 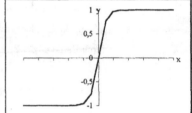

Abbildung 14: Sigmoide Funktion

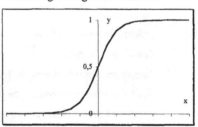

Eingangsschicht:

Für die Eingangsschicht wird prinzipiell immer eine lineare Funktion verwendet.

Ausgangsschicht:

Für die Ausgangsschicht wird laut Handbuch der DataEngine™ bei Funktionsapproxi-
mationen auch eine lineare Funktion empfohlen. [12] Es soll zu deutlich besseren Er-
gebnissen führen, was auch die Erfahrungen des Autors widerspiegelt. Durch eine nicht-
lineare Transferfunktion in der Ausgangsschicht konnte vom Autor das Lern- und Test-
verhalten bisher noch nie verbessern werden.

Verdeckte Schicht:

Entscheidend ist also die Wahl der Transferfunktion in der verdeckten Schicht. Hier ist es
sinnvoll, die Eingangswerte nichtlinear zu transformieren. Zugleich wird durch die Be-
schränkung des Wertebereichs bei der Tangens Hyperbolicus und der Sigmoiden Funktion eine extreme Verstärkung (Erzeugung von Ausreißern) im Lauf durch das Netz ver-
hindert

Da vorab keine Aussage gemacht werden kann, welche Funktion besser geeignet ist,
sollen in Verbindung mit der Variierung der Anzahl der verdeckten Neuronen (siehe Kapitel 5.2.2.2) Netzvarianten mit beiden Funktionstypen probiert und trainiert werden.

5.2.3 Parametrierung

5.2.3.1 Lernrate

Die Lernrate ist ein Faktor für die Fehlerkorrektur an den Verbindungsgewichten. Er gibt
an, wie groß die Sprünge der Gewichtsänderungen der einzelnen Verbindungen in Richtung Fehlerminimum sind.

Eine hohe Lernrate (z.B. 0,1) führt zu einer schnellen Konvergenz und damit zu einem
schnellen (gewünschten) Lernen. Oft tritt dabei jedoch der unangenehme Effekt auf, daß
das eigentliche (globale) Fehlerminimum, also eine optimale Gewichtsverteilung innerhalb des Netzes, nicht erreicht wird. Das globale Minimum wird übersprungen (siehe
Abbildung 15; a).

48

Auf der anderen Seite kann eine zu kleine Lernrate (z.B. 0,000001) zum 'Hängenbleiben' (Oszillieren) in einem lokalen Minimum führen (siehe Abbildung 15; b).

Aus den beschriebenen Gründen soll bei der Untersuchung mit einem Standard(mittel)-wert von 0,01 begonnen und danach, ausgehend von diesem Wert, jeweils um den Faktor 10 erhöht bzw. verringert werden.

Eng im Zusammenhang mit der Lernrate steht noch die Art und Weise, wie die Trainingsdatensätze dem Netz präsentiert werden (Lernstrategie) und wann der Fehler für die Gewichtsveränderungen ermittelt wird. Als äußerst günstig für das Lernverhalten und das Erkennen von Strukturen hat sich erwiesen, die Trainingsdatensätze nicht in ihrer 'natürlichen' Reihenfolge, sondern in zufälliger Reihenfolge zu präsentieren. Zudem soll nach jedem Trainingsdatensatz der Fehler berechnet und die Verbindungsgewichte angepaßt werden (Einzelschritt).

Abbildung 15: Fehlerprobleme bei unterschiedlichen Lernraten [18, S. 147, verändert]

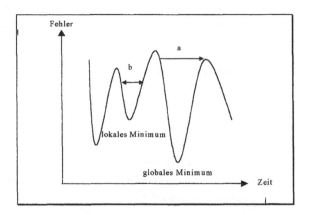

5.2.3.2 Lernverfahren

Die von dem Anwendungsprogramm DataEngine™ angebotenen Lernverfahren sind im Grunde keine eigenständigen Lernverfahren, sondern nur Variationen des Back-Propation Verfahrens (siehe Kapitel 4.3.3). Neben dem (Basis-) Back-Propagation ist nur eine Variante der Einbeziehung eines sogenannten Momentums von Interesse. Das Momentum ist ein Faktor, der bei der Änderung der Verbindungsgewichte immer noch die Korrektur aus dem vorhergehenden Lernschritt und somit die Richtung mit einfließen läßt. Dies ist im Prinzip zusätzlich eine Möglichkeit, das Oszillieren in einem lokalen Minimum zu verhindern.

Im Bedarfsfall soll ein Momentum von 0,1 bzw. 0,9 ausgetestet werden.

5.3 Validierung - Trainings- und Testergebnisse

In der Trainingsphase eines Künstlichen Neuronalen Netzes werden die Verbindungsgewichte zwischen den Neuronen so lange verändert, bis der Fehler einen tolerierten Wert unterbietet oder sich keine wesentliche Minimierung mehr erreichen läßt. Wichtig für die Beurteilung des Trainings und des anschließenden Tests sind die verwendeten Fehlermaße. Folgende Fehlermaße werden in dem Anwendungsprogramm DataEngine™ jeweils für das Training und den Test verwendet:

■ Quadratwurzel aus dem mittleren quadratischen Fehler RMS (Root Mean Squared):

$$RMS = \sqrt{\frac{1}{n} \sum (x_i - x^{\wedge}_i)^2} \qquad \text{mit } x_i \, (i = 1,...,n)$$

Die Verwendung eines quadratischen Fehlers hat zwei wesentliche Vorteile: zum einen können sich negative und positive Abweichungen beim Summieren nicht gegenseitig aufheben und zum anderen werden große Abweichungen mehr berücksichtigt. Das Programm wird dadurch so trainiert, möglichst wenige große Abweichungen zuzulassen.

■ Absoluter maximaler Fehler AMX (Absolute Maximum):

$$AMX = \max |(x_i - x^{\wedge}_i)| \qquad \text{mit } x_i \, (i = 1,...,n)$$

Der Fehler ist der maximale Absolutwert aus der Differenz von Soll und berechnetem Netzausgabewert.

Aus Sicht des Autors ist die graphische Darstellung des Fehlerverlaufs ein eigenständiges wichtiges Beurteilungsmittel. Nur damit kann die Stabilität und der Verlauf des Trainings beurteilt werden, was unter Umständen wichtiger als der Fehlerwert sein kann.

Einfluß der Transferfunktion:

Entsprechend dem Struktogramm in Abbildung 7 (Seite 36) und der in den Kapiteln 5.2.2.2 und 5.2.2.3 gemachten Festlegungen, werden zwei Netze mit normierten Datensätzen trainiert (NZ_TG und NZ_SM). Beide unterscheiden sich nur in der Transferfunktion der verdeckten Schicht (Tangens Hyperbolicus und Sigmoid).

Aus der graphischen Darstellung der Fehler in den Abbildungen 16 und 17 kann man erkennen, nach 10.000 Epochen [4] ist jeweils keine merkliche Fehlerverbesserung mehr sichtbar und der Trainingslauf wird abgebrochen.

Abbildung 16: Trainings- und Testfehler Netz NZ_SM mit Sigmoider Transferfunktion

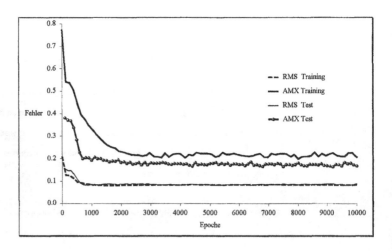

---

[4] Eine Epoche ist der einmalige komplette Durchlauf aller Trainingsdatensätze.

Abbildung 17: Trainings- und Testfehler Netz NZ_TG mit Tangens Hyperbolicus
Transferfunktion

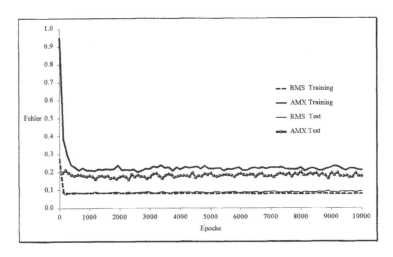

Das Netz mit der Tangens hyperbolicus Transferfunktion hat etwas bessere Trainings-
und Testwerte. Zudem ist ein schnelleres Abfallen der Fehler zu verzeichnen. Die Erfahrungen des Autors haben gezeigt, daß Netze mit solchem Verhalten meist bessere Prognoseergebnisse erbringen, was auch teilweise in der Literatur beschrieben wird. [z.B. 17]

Einfluß der Anzahl verdeckter Neuronen (siehe Kapitel 5.2.2.2):

Die Veränderung der verdeckten Neuronenanzahl ergibt keine entscheidende Verbesserung. Bei beiden Transferfunktionen zeigt sich, auch bei mehrmaligem Neutrainieren,
jeweils das Netz mit drei verdeckten Neuronen im maximalen Trainings- und maximalen
Testfehler als bestes Netz. (siehe folgende Tabelle 6). Mit beiden Netzen (NZ_SM_NR3
und NZ_TG_NR3) wird weiter gearbeitet.

Tabelle 6: Vergleich Einfluß der Anzahl verdeckter Neuronen

Transferfunkt	Neuronen	AMX Train	RMS Train	AMX Test	RMS Test
Sigmoid	1	0,2280	0,0835	0,1713	0,0854
	3	0,2059	0,0825	0,1665	0,0863
	5	0,2174	0,0800	0,1808	0,0884
Tangens hyp.	1	0,2126	0,0833	0,1756	0,0863
	3	0,2103	0,0774	0,1752	0,0917
	5	0,2482	0,0732	0,1780	0,0982

Einfluß der Lernrate:

Entsprechend dem Struktogramm (Abbildung 7, Seite 36) wird als nächstes die Lernrate variiert (siehe Kapitel 5.2.3.1).

Aus den Darstellungen in den Abbildungen 18 und 19 ist eine deutliche Verschlechterung durch eine größere Lernrate zu erkennen. Das Netz NZ_TG_NR3_LR01 zeigt leicht oszillierendes Verhalten. Im Netz NZ_SM_NR3_LR01 steigt der maximale Trainingsfehler wieder an, was auf das Überspringen eines Minimums hindeutet.

Abbildung 18: Fehler bei Erhöhung der Lernrate Transferfkt. Tangens Hyperbolicus

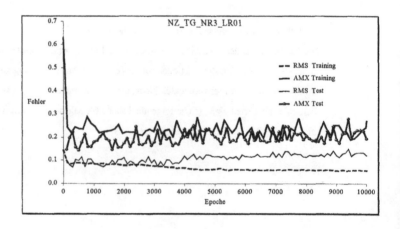

Abbildung 19: Fehler bei Erhöhung der Lernrate Sigmoide Transferfunktion

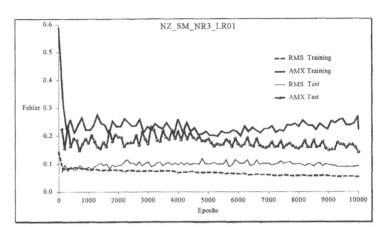

Die Verringerung der Lernrate bringt auf der anderen Seite eine signifikante Verbesserung (siehe Abbildungen 20 und 21). Wegen der deutlich kürzeren Konvergenzzeit wird für die weiteren Untersuchung das Netz NZ_TG_NR3_LR0001 mit der Tangens Hyperbolicus Transferfunktion verwendet.

Abbildung 20: Fehler bei Verringerung der Lernrate Sigmoide Transferfunktion

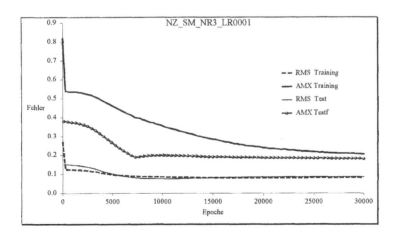

54

Abbildung 21: Fehler bei Verringerung der Lernrate Transferfkt. Tangens Hyperbolicus

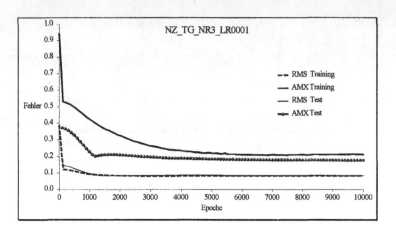

Einfluß des Momentums (siehe Kapitel 5.2.3.2):

Wie aus der Abbildung 22 zu erkennen ist, konnte eine Veränderung des Lernverfahrens und der Einsatz des Momentums weder die weitere Fehlerminimierung noch das Lernverhalten verbessern.

Abbildung 22: Fehler Verwendung Back-Propergation mit Momentum

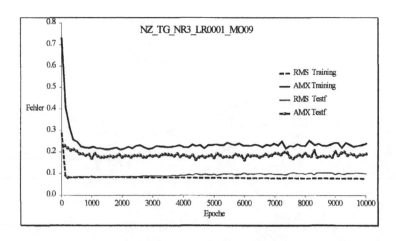

Fazit:

Mit dem Netz NZ_TG_NR3_LR0001 steht ein vollständig trainiertes Netz zu Verfügung, welches das beste Trainingsverhalten zeigt, und im Test die geringsten Fehler produziert. Dieses Netz soll für die anschließende Prognoseerstellung verwendet werden.

5.4 Prognoseerstellung - Ergebnisse

Die Prognoseerstellung und die Beurteilung der Prognoseergebnisse soll in drei Schritten erfolgen:

1. Erstellung einer Post-Prognose
2. Prognoseerstellung mit veränderter Datenvorverarbeitung zur eventuellen Verbesserung der Prognose
3. Erstellen einer ´wirklichen´ Prognose

Erstellung einer Post-Prognose:

Zur Beurteilung der Leistungsfähigkeit des trainierten Künstlichen Neuronalen Netzes wird oft eine sogenannte Post-Prognose (ex post Test) angewendet. Dabei wird mit den vorhandenen Vergangenheitsdaten durch das trainierte Künstliche Neuronale Netz eine postume Prognose für eben diesen vergangenen Zeitraum (1/1990 - 12/1998) erstellt. Die erhaltenen Werte werden mit den Originaldaten verglichen. Dabei wird häufig das folgende Fehlermaß verwendet:

■ mittlerer absoluter prozentualer Fehler (Mean Absolute Percentage):

$$MAP = \frac{1}{n} \sum \frac{|x_i - x^\wedge_i|}{x_i} * 100 \qquad \text{mit } x_i (i = 1,...,n)$$

Dieses Maß zeigt die mittlere prozentuale Abweichung der Prognosewerte von den Originalwerten.

Zur Vereinfachung und zur Automation einer Prognoseerstellung bietet das Anwendungsprogramm DataEngine™ die Möglichkeit sogenannte Karten zu erstellen. [22, S. 206] Auf diesen Karten werden Funktionsblöcke (z.B. Ein/Ausgabe, Graphik, MLP, DVV) graphisch miteinander verknüpft und hintereinander abgearbeitet. In der Anlage A ist der prinzipielle Aufbau der Karte PROGN_ROH_NORM zur Information abgebildet.

Das Ergebnis des Ablaufs der Karte unter Verwendung des trainierten Netzes NZ_TG_NR3_LR0001 (Kapitel 5.3) ist in Abbildung 23 dargestellt.

Abbildung 23: Post-Prognose für Netz mit normierten Rohdaten

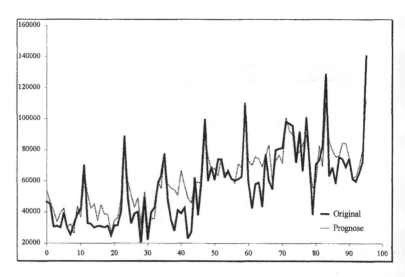

Es wird deutlich, daß das Künstliche Neuronale Netz die Regelmäßigkeiten gut erkannt hat; gut generalisieren kann. Der Gesamtfehler liegt mit 20,9 % allerdings relativ hoch, so daß es unbedingt noch weiterer Untersuchungen bedarf.

Prognoseerstellung mit veränderter Datenvorverarbeitung:
Entsprechend dem Ablauf im Struktogramm in Abbildung 7 auf Seite 36 wird versucht durch Veränderung der Datenvorverarbeitung (trendbefreite Daten) Einfluß auf das

Lernverhalten und somit auch auf die Prognosequalität des Künstlichen Neuronalen Netzes zu nehmen. Variationsmöglichkeiten bei der Trendbefreiung ergeben sich durch die Veränderung des Zeitintervalls (Fensterbreite) beim gleitenden Durchschnitt (siehe Kapitel 3.2.2.2 und 5.2.1.1).

Bei Zeitreihen ist oft das Verhalten zu beobachten, daß sich in gewissen Abständen (Perioden) bestimmte Verläufe ähneln oder wiederholen (Autokorrelation). Diese Perioden sind erfahrungsgemäß mit saisonalen Abläufen identisch, d.h. z.b. zwei monatlich, viertel-, halb- oder jährlich.

Es hat sich daher als äußerst günstig erwiesen, genau diese Perioden als Fensterbreite beim gleitenden Durchschnitt zu verwenden.

Hilfreich beim Finden solcher zyklischen Zusammenhänge kann eine Fast-Fourier-Transformation (FFT) der Zeitreihe sein. Dazu wird mit dem Anwendungsprogramm STATISTICA™ [5] (Version 5.1) eine solche Transformation durchgeführt und das Frequenzspektrum der Zeitreihe in Abbildung 24 dargestellt.

Abbildung 24: Spektralanalyse der Zeitreihe

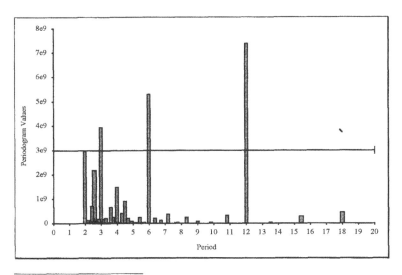

---

[5] © StatSoft, Inc. Tulsa OK, USA, 1996; Lizensiert für die INBITEC GmbH.

58

Bei drei, sechs und zwölf Perioden sind auch hier deutliche Maxima zu erkennen. Aus diesem Grund werden mit der in Kapitel 5.3 gefundenen Architektur bzw. Parametern neue Künstliche Neuronale Netze mit trendbefreiten normierten Daten (TB) einer Fensterbreite (FB) von drei, sechs und zwölf trainiert. Zum Vergleich werden außerdem noch Netze mit der Fensterbreite von zwei und vier erstellt.

Für die anschließenden Post-Prognosen muß für diese Netze eine neue Ablaufkarte (Karte PROGN_TB_NORM in Anlage B) erzeugt werden. In dieser Karte wird zu den vom Netz berechneten Ausgangswerten die Trendkomponente wieder hinzugerechnet. Nur so gelangt man zu den endgültigen Prognosewerten, die dann mit den Originalwerten verglichen werden können.

Das Ergebnis der sehr umfangreichen Untersuchungen zeigt Tabelle 7. Zusätzlich wurde darin das klassische Prognoseverfahren Exponentielle Glättung (siehe Kapitel 3.2.2.3) mit optimiertem $\alpha = 0,238$ aufgenommen.

Tabelle 7: Vergleich der prozentualen absoluten Fehler der Post-Prognosen aller untersuchten Netze

Rang	Netz	MAP Gesamtdaten	MAP Testdaten	MAP Trainingdaten
1	NZ_TB_FB3	13,275	9,287	13,865
2	NZ_TB_FB4	15,135	11,823	15,632
3	NZ_TB_FB6	16,081	11,390	16,803
4	NZ_TB_FB2	16,120	11,554	16,788
5	NZ_TG_NR3_LR0001_ROH	20,901	13,378	21,975
6	NZ_TB_FB12	22,232	15,339	23,381
7	Exponentielle Glättung	24,437	17,779	26,657

Aus der Tabelle wird deutlich, daß durch veränderte Datenvorverarbeitung erheblicher Einfluß auf das Lernverhalten und auf die Prognose genommen werden kann. Dabei bringt die Berücksichtigung des vierteljährlichen Zyklusses den größten Erfolg. Der prozentuale Gesamtfehler kann gegenüber dem Netz mit trendbehafteten Daten um ca. ein Drittel gesenkt werden. Die wesentliche Verbesserung der Prognoseleistung ist auch im Vergleich der graphischen Abbildung 25 mit der Abbildung 23 auf Seite 56 deutlich sichtbar. Uneingeschränkt viel schlechter gegenüber allen Künstlichen Neuronalen Netzen ist die optimierte Exponentielle Glättung, deren Fehler im Vergleich zum besten Netz fast doppelt so hoch ist.

Abbildung 25: Post-Prognose für Netz mit trendbefreiten normierten Daten (Fensterbreite 3)

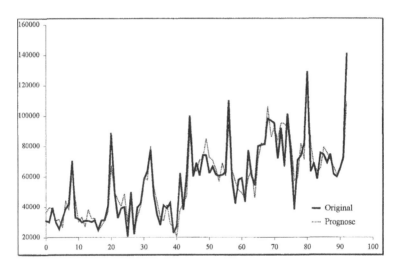

Erstellung einer 'wirklichen' Prognose:

Zum Abschluß wird jeweils eine Prognose mit dem optimalen Netz NZ_TB_FB3 für die in der bisherigen Untersuchung völlig unbekannten Monate Januar bis Juni 1999 erstellt Die berechneten Werte können dann mit den von der Buchhaltung für das erste Halbjahr 1999 freigegebenen Umsatzdaten verglichen werden (sogenannter ex ante Test).

Dabei ergibt sich der in Abbildung 26 auf Seite 60 gezeigte Verlauf. Mit einem Gesamtfehler von 15,2 % liegt diese wirkliche Prognose erfreulicherweise im Bereich der

vorab erreichten Post-Prognose und bestätigt damit nachdrücklich die gute Generalisierungsfähigkeit des gefundenen Netzes.

Abbildung 26: Prognose und Originalumsatz Januar bis Juni 1999

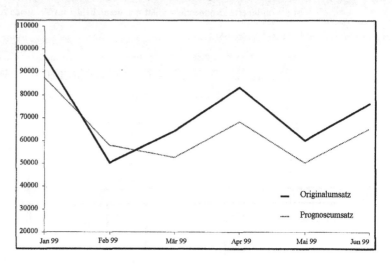

6 Bewertung und Potential der Methode Künstliches Neuronales Netz

Die vorliegende Untersuchung hat gezeigt, daß Künstliche Neuronale Netze als Prognosewerkzeug geeignet sind.

Aus zur Verfügung stehenden Daten wurden Strukturen erkannt und mit 13 % Gesamtfehler in einer Post-Prognose die Originaldaten sehr gut nachgebildet. Das Ziel einer hohen Generalisierungsfähigkeit, und damit einer guten Prognosequalität, konnte im wirklichen Probebetrieb (ex ante Prognose) mit 15% nachgewiesen werden.

Die große Herausforderung beim Einsatz Künstlicher Neuronaler Netze ist das Finden der richtigen Netzeinstellungen. Die große Variationsbreite der Parameter, der Architektur und der Datenvorverarbeitung „ist Chance und Risiko zugleich".[5, S. 93] Durch strukturelles Vorgehen ist es jedoch möglich, mit vertretbarem Aufwand ein stabiles Netz zu entwickeln. Die Vielfalt der Modifikationen bietet die Möglichkeit, auch für komplizierte Problemstellungen ein *akzeptables* Netz zu finden. Künstliche Neuronale Netze sind somit auch für Umsatz- und Absatzprognosen einsetzbar.

Mängel klassischer Prognoseverfahren (siehe Kapitel 3.2.3 Bewertung klassischer Prognoseverfahren) können weitgehend ausgeschaltet werden:

- Es werden keine unzulässigen Datenvereinfachungen vorgenommen.
- Die Prognoseerstellung durch ein trainiertes Netz ist unabhängig, d.h. sie kann nicht „gelenkt" werden.
- Die Prognose kann ohne Kenntnis der inneren Zusammenhänge erfolgen: die Notwendigkeit der Schätzung einer mathematischen Funktion entfällt. Dies unterstreicht noch einmal die Universalität.

Zudem wird bei Künstlichen Neuronalen Netzen der Effekt des „Herausglättens" [21, S. 2] vermieden. Die Netze sind dadurch den konventionellen Verfahren bei *stark schwankenden* Zeitreihen überlegen, was zwangsläufig zu einer Verbesserung der Prognose führt. Der geringe Prognosefehler wird von konventionellen Verfahren nicht erreicht.

Die Möglichkeiten und das Potential des Künstlichen Neuronalen Netzes bei dieser untersuchten Problemthematik ist bei Weitem noch nicht ausgeschöpft. Stellvertretend seien zwei weiter Ansätze genannt:

■ Entwicklung eines trainierten Netzes und Erstellung einer Prognose für ein Quartal im Voraus (statt einem Monat)

■ Einbeziehung von Indikatoren:
Gleichzeitig zu den bisherigen Eingabedaten der Zeitreihe werden dem Netz noch Indikatoren als Eingabe zugeführt. Diese können zusätzlich den Verlauf der Zeitreihe erklären helfen, was zu einer weiteren Prognoseverbesserung führen kann (multivariate Analyse). Solche Indikatoren können sein: Ferien, Sonderangebotszeiten usw.

Die Umsetzung der beschriebenen Ansätze müßte allerdings Gegenstand einer weiteren Untersuchung sein.

7 Wirtschaftliche Betrachtung

Künstliche Neuronale Netze sind ein brauchbares Mittel zur Verbesserung der Umsatzprognosen. Sie können somit Hilfe zur strategischen Planung im Absatz- und damit verbunden im Lager- und Personalbereich sein.

Da die Netze universell einsetzbar sind, eröffnen sie ein breites Feld der Spezifikation der Anwendung: Um- bzw. Absatzprognosen von einzelnen Geschäftsbereichen, von einzelnen Produkten oder Produktgruppen.

Die durch die besseren Prognosen verbundene Reduzierung der Lagerbestände und die damit erreichte Kostensenkung soll am Beispiel der INBITEC GmbH *grob abgeschätzt* werden:

63 % (also fast 2/3) der Gesamtkosten entfallen auf die untersuchten Bereiche Kopiertechnik mit Lagerhaus, Computerverkaufsladen, Zubehör- und Ersatzteillager. Davon sind ca. 40 % Miet- und Lagerkosten. Diese betrugen im Jahr 1998 1,008 Mio. DM.

Die Lagerbestände waren, wie im Kapitel 1 beschrieben, bis zu 25 % zu hoch.

Bei Einsatz eines Künstlichen Neuronalen Netzes für die Prognose mit einer Trefferwahrscheinlichkeit von ca. 85 % (ca. 15 % Fehler) kann man einen um 5 % zu hohen Lagerbestand als realistisch ansehen.

Auf Grund der angenommenen Proportionalität der durch die Lagerführung und die Miete verursachten Kosten zu der Höhe der Bestände, ergibt sich bei ca. 20 % Verringerung, eine Kostenreduzierung von ca. 200 TDM jährlich.

Nicht unerheblich ist auch die mit der Reduzierung der Lagerbestände einhergehende größere Liquidität, die bei einem durchschnittlichen Lagerbestandswert von 0,8 Mio. DM etwa bei 160 TDM liegt.

Durch die Verringerung der Gesamtlagergröße kann auch noch die Umsetzung eines Mitarbeiters in den Verkauf in Betracht gezogen werden. Die für dort vorgesehene Neueinstellung könnte unterbleiben, was nochmals eine fiktive Einsparung von ca. 50 TDM jährlich erbringt.

Die Überlegungen zur Personalumsetzung und zur Verringerung der Lagergröße sind zudem eine gute Entscheidungshilfe für die geplante Standortverlegung einzelner Geschäftsbereiche in die Berliner Innenstadt zum Jahreswechsel 1999/2000.

Angesichts der Tatsache, daß die meisten Klein- und Mittelbetriebe das Instrument der Prognose überhaupt nicht oder nur mit einfachen Methoden anwenden, ergibt sich hier noch die interessante Möglichkeit der Erstellung von Prognosen (oder trainierter Netze) als Dienstleistung für andere Firmen.

Dies wäre schlußendlich neben der Kostenreduzierung, der besseren Planung, der Liquididätserhöhung (die für KMU besonders wichtig ist) und der Entscheidungshilfe ein weiterer positiver 'Effekt'.

Literaturverzeichnis

[1] Anders, U.: Statistische neuronale Netze, München: Vahlen, 1997

[2] Berekoven, L.; Eckert, W.; Ellenrieder, P.: Marktforschung, 5. Auflage, Wiesbaden: Gabler, 1991

[3] Biethahn, J. u.a.: Betriebswirtschaftliche Anwendungen des Soft Computing, Braunschweig/Wiesbaden: Vieweg, 1998

[4] Bulletin EU 1/2: Generaldirektion XXIII der Europäischen Kommission, 1996

[5] Corten, H.; May, C. (Hrsg.):Neuronale Netze in der Betriebswirtschaft, Wiesbaden: Gabler, 1996

[6] Demske, I., Hohgräwe, U.: Auswertungs- und Prognosemethoden, Lehrbrief Marketing/Marktforschung, Berlin: Fachhochschul-Fernstudienverbund, 1998

[7] Fulda, E.; Härter, M. (Hrsg.): Neue Ansätze der Prognostik, Frankfurt am Main: Peter Lang, 1997

[8] Hamilton, P.: Künstliche neuronale Netze, Berlin: vde-verlag, 1993

[9] Kosmider, A.: Controlling im Mittelstand, 2. Auflage. Stuttgart, 1994

[10] Masters, T.: Practical Neural Network Recipes in C++. Academic Press, 1993

[11] Minsky, M.; Papert, S.: Perceptrons, Cambridge MA, 1969

[12] MIT: Addendum zum Handbuch DataEngine™. Aachen, 1996

[13] Rehkugler, H., Zimmermann, H. G. (Hrsg.): Neuronale Netze in der Ökonomie, München: Vahlen, 1994

[14] Rojas, R.: Theorie der neuronalen Netze, 4. Auflage. Berlin: Springer, 1996

[15] Schwarze, J.: Grundlagen der Statistik, Band 1, 7. Auflage. Herne/Berlin: Neue Wirtschaftsbriefe, 1994

[16] Thiesing, F.: Analyse und Prognose von Zeitreihen mit Neuronalen Netzen: Shaker, 1998

[17] Uhlig, H.: Finanzprognosen mit Neuronalen Netzen, München: Vahlen, 1995

[18] Weis, H. C.: Marketing, 10. Auflage. Ludwigshafen: Kiehl Verlag, 1997

[19] Weis, H.C.; Steinmetz, P.: Marktforschung. Ludwigshafen: Kiehl Verlag, 1991

[20] Wilbert, R.: Interpretation und Anwendung Neuronaler Netze in den Wirtschaftswissenschaften, Frankfurt am Main: Peter Lang, 1996

[21] Zimmerer, Th.: Künstliche Neuronale Netze versus ökonometrische und zeitreihen-
analytische Verfahren zur Prognose ökonomischer Zeitreihen, Frankfurt am Main:
Peter Lang, 1997

[22] Zimmermann, H.-J. (Hrsg.): Datenanalyse, Düsseldorf: VDI, 1995

Anhang

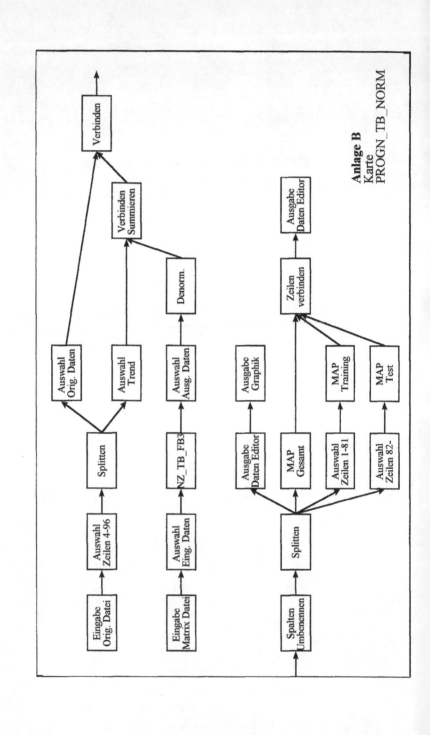

Anlage B
Karte
PROGN_TB_NORM

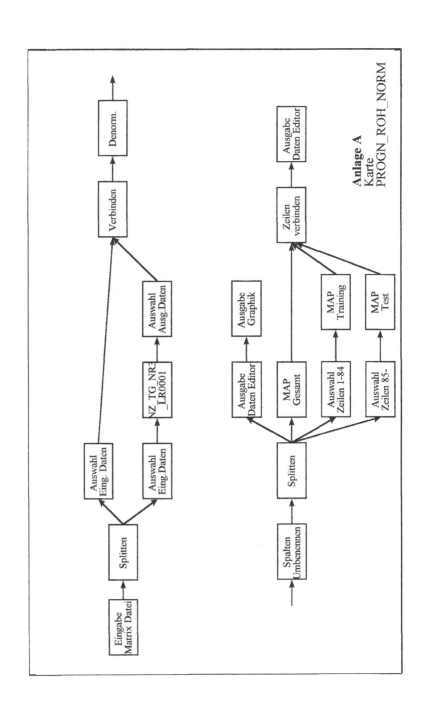

Anlage A
Karte
PROGN_ROH_NORM

Diplomarbeiten Agentur

Die Diplomarbeiten Agentur vermarktet seit 1996 erfolgreich
Wirtschaftsstudien, Diplomarbeiten, Magisterarbeiten, Dissertationen
und andere Studienabschlußarbeiten aller Fachbereiche und Hochschulen.

Seriosität, Professionalität und Exklusivität prägen unsere Leistungen:
- Kostenlose Aufnahme der Arbeiten in unser Lieferprogramm
- Faire Beteiligung an den Verkaufserlösen
- Autorinnen und Autoren können den Verkaufspreis selber festlegen
- Effizientes Marketing über viele Distributionskanäle
- Präsenz im Internet unter **http://www.diplom.de**
- Umfangreiches Angebot von mehreren tausend Arbeiten
- Großer Bekanntheitsgrad durch Fernsehen, Hörfunk und Printmedien

Setzen Sie sich mit uns in Verbindung:

Diplomarbeiten Agentur
Dipl. Kfm. Dipl. Hdl. Björn Bedey –
Dipl. Wi.-Ing. Martin Haschke –––
und Guido Meyer GbR –––––––

Hermannstal 119 k –––––––
22119 Hamburg –––––––

Fon: 040 / 655 99 20 –––––
Fax: 040 / 655 99 222 –––––

agentur@diplom.de –––––––
www.diplom.de –––––––

Diplomarbeiten Agentur

www.diplom.de

- **Online-Katalog**
  mit mehreren tausend Studien

- **Online-Suchmaschine**
  für die individuelle Recherche

- **Online-Inhaltsangaben**
  zu jeder Studie kostenlos einsehbar

- **Online-Bestellfunktion**
  damit keine Zeit verloren geht

**Wissensquellen
gewinnbringend nutzen.**

**Wettbewerbsvorteile
kostengünstig verschaffen.**

www.ingramcontent.com/pod-product-compliance
Lightning Source LLC
La Vergne TN
LVHW092347060326
832902LV00008B/874